Mesurer l'efficacité de la formation

Éditions d'Organisation
Groupe Eyrolles
61, bd Saint-Germain
75240 Paris cedex 05

www.editions-organisation.com
www.editions-eyrolles.com

Pascaline MALASSINGNE

Mesurer l'efficacité de la formation

Évaluer le résultat et la rentabilité

EYROLLES

Éditions d'Organisation

Sommaire

Partie 3

Deux cas pratiques commentés

Introduction

Hier vous êtes allé en formation. Ces quelques jours vous ont permis de redécouvrir des connaissances oubliées ou appliquées de façon machinale. Les idées échangées avec les autres participants ont fait émerger quelques astuces pour améliorer le quotidien. Le formateur dispensait un savoir étendu qui permettait de faire son « petit marché » des connaissances en mémorisant une foule de choses intéressantes. Au-delà du contenu de la formation, vous avez ouvert votre sphère relationnelle.

Nous pourrions brosser un autre tableau tout aussi réel : ces quelques jours ont été alimentés par un contenu de formation inapplicable ; les participants pensaient au travail accumulé qu'ils allaient récupérer en rentrant ; de retour sur le poste de travail, les habitudes des uns et des autres avaient repris le dessus et rien n'avait changé. L'unique question était « comment éviter la prochaine formation ».

Demain vos collaborateurs partent en formation, quel scénario vont-ils vivre ? Peu importe, les deux scénarios relatent des situations formatives peu efficaces, de plus en plus lourdes en budget et sans lien réel avec les situations de travail.

La nécessité de la formation est reconnue, approuvée et validée. Le budget moyen formation des entreprises (2,8 % de la masse salariale brute) dépasse les obligations légales. Nous en déduirons que l'entreprise investit toujours dans la formation, la considérant comme « forgeron » des compétences, mais qu'aujourd'hui, elle en attend un retour, un retour qui tel un gamin pris en faute se fait tirer l'oreille !

L'acte de formation reste un moment nécessaire mais non suffisant. Comment rendre l'acte pédagogique plus efficace, c'est-à-dire utile et utilisable en situation de travail ? Comment configurer un dispositif d'évaluation adapté aux moyens existants dans l'entreprise ?

Cet ouvrage ne prétend guère résoudre les dysfonctionnements pédagogiques d'un système formation mais présenter une démarche accessible pour formaliser la lisibilité des résultats en cours de formation.

Avant de proposer des outils, une présentation des principes et termes utilisés paraît judicieuse, elle fait l'objet de la première partie de l'ouvrage. La deuxième partie développe l'outil et propose des matrices transposables. La troisième partie relate la démarche menée en grandeur réelle.

Partie 1

Les caractéristiques de l'efficacité de la formation

La formation professionnelle fait partie des structures qui coûtent à l'entreprise sans lui apporter l'assurance de sa rentabilité. Sans pour autant maquiller la formation en produit d'« investissement forcé », la démarche « formons efficace » transforme l'acte pédagogique en lui apportant une nouvelle traçabilité des savoirs. Elle fiabilise :

- **Le positionnement des savoirs** sur une échelle de valeur « utile/ utilisable » ;
- **Le suivi du transfert** tout en écartant le risque du « stockage de savoirs ».

La démarche efficacité de la formation active le processus de transposition des savoirs aux problématiques de l'entreprise et met à disposition de celle-ci un outil de mesure améliorant sans aucun doute les pratiques de la formation.

Besoin de savoir
=
analyse et stratégie

Transfert pédagogique
=
mesure et suivi

Les formations qui incluent
la transition du savoir au faire
génèrent des compétences

Qualification
=
savoirs individuels
reconnus dans une stratégie

Compétences
=
mise en œuvre des savoirs
pour résoudre les problèmes

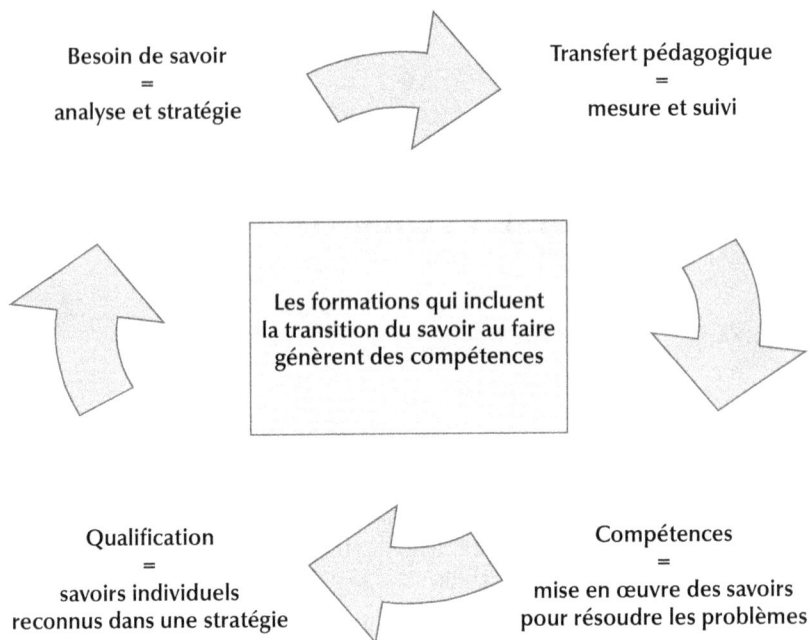

La démarche efficacité de la formation se définit par :

▶ Des objectifs de formation, formulés en termes de résultats quanti-fiables, mesurables ;

▶ La mise en place d'un dispositif de transfert ;

▶ Le suivi post-formation sur le poste de travail ;

▶ Un retour d'information sur les résultats effectifs des formations suivies.

Cette démarche minimise la déperdition des savoirs. Elle opère *via* des outils de formation déjà existants et renforce la capacité décision-nelle des acteurs de la formation. « Former efficace » repose sur la transformation des savoirs acquis en gestes professionnels.

Les quatre outils de la démarche efficacité de la formation

Outil de contrôle	Mesure des savoirs Limitation des dérives
Outil de management	Évaluation et suivi de l'effort formation Information et restitution des résultats de l'efficacité de la formation
Outil d'aide à la décision	Ajustement des actions de formations Achat de la formation
Outil de gestion de la formation	Durée de l'investissement Contrôle du budget

Chapitre 1

Les définitions des termes utilisés

Il paraît opportun de bien différencier efficacité et efficience et d'insister sur la valeur des différents objectifs, mais tout d'abord précisons ce que recouvre le terme d'efficacité dans la sphère de la formation professionnelle.

Le terme d'efficacité de la formation

L'efficacité de la formation pourrait se résumer en une seule formule :

Nombre d'objectifs atteints/Nombre de qualifications à valider

Une qualification répond à un niveau d'exigence en matière de savoirs, rétribuée par l'entreprise. Dans le cadre d'une convention collective, ce niveau d'exigence est référencé sur une grille de classification et correspond à une rémunération. Les actions de formation ont pour objectif de participer, maintenir ou élargir ces niveaux d'exigence.

L'objectif exprime un résultat attendu formulé en termes d'actions quantifiables ou de comportements observables. La réalisation d'un objectif est positionnée dans le temps par un délai et facilitée par la préconisation de moyens adéquats. Par exemple, lister 5 titres de films d'aventure en moins de 3 minutes à l'aide de sa seule mémoire.

Le résultat attendu est visible, constatable dans l'activité menée sur un poste de travail, mais plus difficilement cernable quand il s'agit de formations de type comportemental, impliquant l'humain et ses valeurs personnelles.

> **Une formation est dite efficace quand elle est reconnue comme utile et utilisée sur le poste de travail, augmentant ainsi la performance mais également l'autonomie du salarié.**

Est utile une formation qui solutionne un dysfonctionnement ou qui pallie un manque, permettant d'acquérir de nouveaux savoirs qui seront porteurs de perfectionnement ou d'évolution dans le quotidien de l'entreprise. Est dite « utilisée » une formation dont les acquis sont appliqués sur le poste de travail, le fait d'être utilisée à bon escient donnant à une formation toutes les chances d'être rentabilisée dans le temps.

> *Prenons l'exemple d'une formation bureautique : de retour sur le poste de travail l'ex-formé ne dispose pas de matériel bureautique ou n'en disposera que dans 6 mois. Une telle formation ne peut être qualifiée d'efficace, les acquis de formation n'étant pas applicables.*

A *contrario*, il est intéressant de définir la formation inutile : elle répond à un besoin de l'individu dont l'entreprise ne tire aucun profit.

> *Si je me forme à l'apiculture alors que mon poste de travail est exclusivement centré sur la production de piquets de pâture… ma formation sera inexploitable dans mon entreprise. Par contre, elle me sera probablement utile sur un plan personnel, notamment dans le cas d'une reconversion professionnelle.*

Que dire des formations qui ne répondent à aucun besoin du moment, ni pour le salarié ni pour l'entreprise ?

Avant de présenter les caractéristiques des différents objectifs, il faut souligner qu'un objectif est directement issu de la politique d'une entreprise et qu'à ce titre, il devient ambassadeur des petits et grands changements. Pour vivre, ou survivre, toute entreprise adapte sa stratégie en fonction des courants environnementaux au travers desquels elle recherche un bénéfice ou une plus-value. Cette recherche traduite en axes de progrès ou de développement se décline en différents objectifs. Précisons encore que tout objectif impulse le progrès et que tout progrès change les repères quotidiens. Dès lors, il est aisé de comprendre que la définition d'un objectif s'annonce comme capitale car elle révèle la mesure de l'effort à fournir par les différents acteurs.

Objet de contestation ou d'adhésion, un objectif ne souffre aucune ambiguïté et la simplicité de son langage se conjugue avec l'emploi de termes factuels.

Leviers d'actions, les objectifs mettent en jeu des opérations de nature différente :

» **Les objectifs de performance** ciblent généralement les gains à réaliser. Ils engagent le manager ou le chef de service dans une relation de mieux faire, de mieux produire, en y incluant si possible le mieux être. À lui de les traduire en indicateurs pertinents qui impliqueront leur réussite ;

» **Les objectifs pédagogiques** visent essentiellement des connaissances à acquérir et engagent le formateur et le commanditaire. À eux de traduire les objectifs de performance en connaissances accessibles, sans oublier de les lier à des exercices pratiques ;

» **Les objectifs de transfert** facilitent la transposition des nouvelles connaissances à la situation professionnelle ; ils permettent la réussite de l'acte pédagogique et appellent toute la compétence du formateur ; un résultat négatif dans cette phase peut justifier le choix d'annuler une action.

Puis viennent les acteurs « intermédiaires », non moins importants : les managers de proximité. Ils ont en charge le constat du savoir mis en œuvre ; c'est une lourde responsabilité que d'observer chez son équipier la transformation plus ou moins rapide du « savoir appris » en « savoir acquis » : une véritable alchimie s'opère chez l'ex-stagiaire. Malheureusement, cette phase est encore trop souvent bâclée, voire avortée par l'absence de mise en pratique adéquate sur le poste de travail ;

▸ **Les objectifs opérationnels** illustrent cet état de changement et décrivent précisément le changement de comportement qui doit être maîtrisé en situation de travail. Par exemple, une formation à « la participation en réunion de travail » ne deviendra efficace que traduite en objectifs opérationnels : « pendant 3 mois, formuler une proposition à chaque réunion ».

Le dispositif efficacité de la formation combine donc quatre types d'objectifs qu'un exemple permettra de mieux saisir :

Dans une entreprise est constaté le fait suivant : le personnel administratif fait intervenir la maintenance informatique pour des pannes mineures telles que des arrêts d'imprimantes occasionnés par des bourrages de papier… Il a donc été décidé de faire suivre au personnel concerné une formation de maintenance bureautique de tout premier niveau.

L'action de formation « former le personnel administratif à la maintenance bureautique de 1ᵉʳ niveau » se décline en plusieurs types d'objectifs :

Objectif de performance : *diminuer de 5 % les interventions du personnel informatique dans les bureaux ;*

Objectifs pédagogiques : *identifier les n périphériques (clavier, souris, imprimante) d'un ordinateur ; connaître les n principaux réglages élémentaires (écrans et imprimantes) ;*

Objectifs de transfert : *tester tous les réglages proposés dans le programme écran ; revenir aux 3 réglages initiaux à l'aide d'un mémo.*

Objectifs opérationnels : *effectuer les n opérations conformes à la remise en route d'une imprimante bloquée.*

Synthétisons les caractéristiques de ces différents objectifs dans le tableau suivant :

Les caractéristiques des objectifs

	Caractéristiques	Prescripteurs	Démarche
Objectifs de performance	Résultat attendu exprimé en termes de gains sur le poste de travail	Direction, managers, chefs de service	EFFICIENCE
Objectifs pédagogiques	Connaissances à acquérir, exprimées de façon mesurable ou observable pour atteindre l'objectif de performance	Formateurs, service formation	MESURE DE L'EFFICACITÉ
Objectifs de transfert	Simulations ou exercices pratiques pendant la formation permettant l'atteinte des objectifs pédagogiques	Formateurs, service formation	MESURE DE L'EFFICACITÉ
Objectifs opérationnels	Mise en pratique en situation de travail des objectifs pédagogiques	Chefs de service, chefs d'équipe, formateurs	

La recherche de l'efficacité de la formation est généralement déformée par le souci d'efficience.

Le schéma suivant présente la déclinaison des objectifs de formation :

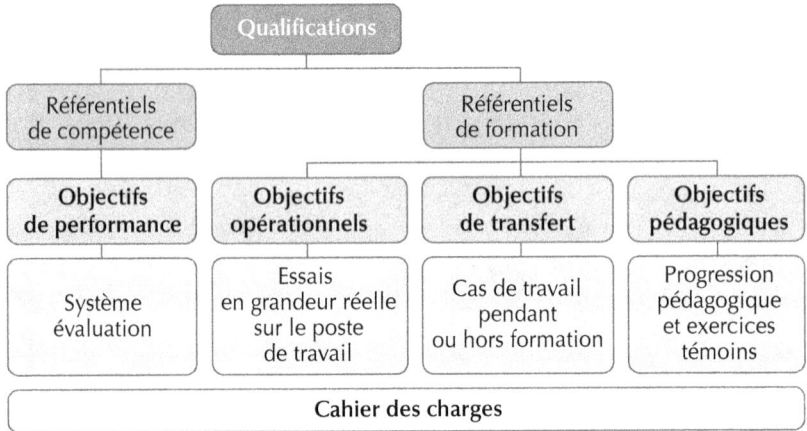

```
                        ┌──────────────────┐
                        │  Qualifications  │
                        └──────────────────┘
              ┌──────────────────┐        ┌──────────────────┐
              │   Référentiels   │        │   Référentiels   │
              │  de compétence   │        │  de formation    │
              └──────────────────┘        └──────────────────┘
```

Objectifs de performance	Objectifs opérationnels	Objectifs de transfert	Objectifs pédagogiques
Système évaluation	Essais en grandeur réelle sur le poste de travail	Cas de travail pendant ou hors formation	Progression pédagogique et exercices témoins

Cahier des charges

Le terme d'efficience de la formation

**Nombre d'objectifs de performance atteints/Coût de la formation
ou encore
Efficacité/Coût de la formation**

L'efficience de la formation se réfère à une tout autre valeur, il ne s'agit plus seulement d'utilité mais d'investissement dans le temps. Tout investissement suppose un amortissement suivi d'un bénéfice ; on rencontre de sérieuses difficultés pour appliquer le principe comptable du retour sur investissement à la valeur immatérielle de la formation.

Rappelons que :
Retour sur investissement (RI) = Total des bénéfices – Total des coûts.

Rappelons également, en ce qui concerne le total des coûts, que le budget formation intègre des coûts directs et indirects tels que :

» Les montants des salaires des formateurs, des stagiaires, du personnel administratif ;

- Les montants des frais liés à l'exploitation, les supports de formations, le matériel technique et pédagogique ;

- Les montants liés aux transports, à l'hébergement des stagiaires et des formateurs ;

- Les temps improductifs liés au temps de formation et à l'acquisition des compétences.

Quant au total des bénéfices, comment définir avec certitude que la part de bénéfices est bien attribuable à la formation et « rien qu'à la formation » ? La formation génère des effets dits induits, non identifiés, et donc non mesurables.

Grâce à une formation, un stagiaire finalise « un tour de main » utile à la productivité de son poste de travail ; il choisit soit de le garder précieusement comme « monnaie d'échange », soit d'en faire profiter ses collaborateurs de façon informelle. Dans un cas comme dans l'autre, la part de bénéfice redevable à l'action formation reste une inconnue.

Reprenons autrement notre exemple : « le tour de mains » fait gagner du temps mais provoque un défaut de fabrication... La perte se calcule, certes, mais la part attribuée aux effets indirects de la formation reste non quantifiable.

Mais, dirons-nous, la formation n'est pas le seul dispositif qui crée des effets indirects, il en est de même pour toute intervention humaine ou technique. Ainsi, le service maintenance d'une entreprise provoque des effets induits qui, par définition, échapperont, tout comme le dispositif formation, à un calcul pur et dur du retour sur investissement.

Cette formulation comptable du retour sur investissement ne peut donc s'appliquer à la formation, certains coûts ou gains indirects qu'elle génère restant non identifiables. Pour marquer les esprits nous ferons un petit clin d'œil en usant du sigle OFNI « objets de formations non identifiables » !

Le calcul du retour sur investissement de la formation est directement lié aux résultats de performance et inclut :

- Le coût du suivi ;

▶ Le gain attendu ;

▶ Le délai pour y parvenir.

Différence entre efficience et mesure de l'efficacité d'une formation

Efficience	Mesure de l'efficacité d'une formation
Liée aux objectifs de performance	Liée aux objectifs pédagogiques et opérationnels
Cible le gain dans le temps	Cible l'utilité et l'utilisation des nouveaux savoirs
Calcul de rentabilité	Quantification des résultats attendus en matière pédagogique et professionnelle

L'utilité établit un point de convergence entre efficience et mesure de l'efficacité.

L'efficience est relayée par les objectifs de performance ciblant un gain *via* des compétences. La mesure de l'efficacité ne cible que la production de savoirs utilisables.

Les principes qui régissent l'efficacité d'une formation

Il ne s'agit plus de lister de façon analytique les éléments qui entrent dans l'amortissement d'une formation (efficience), mais de mesurer les nouveaux savoirs réellement utilisés, qu'ils soient théoriques, pratiques ou techniques (mesure de l'efficacité).

Quelques opérations préliminaires sont indispensables pour configurer le dispositif efficacité de la formation. Le tableau suivant en déroule les phases successives.

Les six moments d'une formation efficace

	1. Repérage des dysfonctionnements et/ou identification des manques de qualifications	2. Évaluation du degré d'urgence des besoins définis	3. Traduction des besoins de qualifications en situations de travail
	Quels sont les savoirs manquants ou insuffisants pour atteindre la performance visée ?	Est-ce que l'entreprise a le temps de les produire et, si oui, en combien de temps et dans quel délai ?	
Exemples : le cas de l'office notarial	Savoirs en anglais juridique et commercial. Quels sont les savoirs disponibles dans l'entreprise ? Faut-il recruter ou former ?	Formation de perfectionnement = n mois. Est-ce envisageable pour répondre au besoin initial dans $n + 3$ mois ?	Les situations d'accueil et de rédaction administrative pour les clercs de notaires.

	4. Traduction des situations de travail en savoirs opératoires	5. Traduction des savoirs opératoires en savoirs théoriques et ou pratiques	6. Mesure des différents types d'objectifs atteints
		Définition des différents types d'objectifs.	
Exemples : le cas de l'office notarial	Tenir une conversation en anglais courant pendant 15 minutes. Décrire les biens immobiliers aux clients anglo-saxons. Rédiger les actes de vente des propriétés en anglais.	Acquérir le vocabulaire anglais juridique immobilier de niveau n.	L'efficacité de la formation se mesure ici par l'atteinte des objectifs opérationnels issus de la phase 4.

La mesure de l'efficacité d'une formation générant elle-même un coût, seules les formations sensibles en feront l'objet, telles les actions :

» Testées pour une première fois, dites « laboratoires » ;

» Innovant sur des points stratégiques ;

» Lourdes en volume d'inscriptions ;

» Lourdes en budget.

Le moindre dérapage dans ces types de formation demande une réactivité immédiate ; l'analyse efficacité limite les risques et, mieux, facilite la réussite.

En résumé, la démarche efficacité de la formation permet de vérifier :

» L'utilité des formations ;

» L'utilisation des nouveaux savoirs lors d'un suivi post-formation ;

» La validation de ces savoirs issus de la formation.

Elle requiert l'implication de la hiérarchie ou des commanditaires dès l'identification des besoins et s'intègre dans une politique d'entreprise qui accorde la priorité à l'augmentation ou au maintien de ses connaissances et de ses savoirs.

La démarche efficacité va à contre-courant de la formation centrée sur les seules obligations légales ou sur les seuls souhaits personnels.

1. Besoins identifiés répondant à des exigences de l'entreprise		
Souhaits de formation	**2.** Formations exprimées en termes de résultats quantifiables	
	Formulation évasive ou subjective, sans objectifs	**3.** Mesure des résultats effectifs lors du suivi post-formation
		Évaluation à chaud et à froid de la formation

▨ *Mesure de l'efficacité de la formation*

☐ *Mesure peu significative de l'efficacité de la formation*

Pour clore la présentation des termes et principes usités dans la démarche efficacité, précisons les différences entre évaluation et mesure.

La différenciation entre l'évaluation et la mesure de l'efficacité de la formation

L'évaluation porte sur un ensemble de perceptions quant à la satisfaction d'une situation donnée à un moment donné. La mesure porte sur des éléments d'une situation, ces éléments présentant la caractéristique de visible ou quantifiable.

Différence entre évaluation et mesure

Évaluation	Mesure
Registre subjectif faisant appel à un système de valeurs personnelles, s'appuyant sur des opinions ou des ressentis.	Registre objectif faisant appel à des faits concrets et quantifiables, faisant référence à des normes établies, au principe de conformité. C'est un calcul d'écart entre deux situations, deux caractéristiques.
L'évaluation est fondée sur la dimension humaine.	La mesure est réalisée sur un objet vérifiable, observable et attendu.
On évalue un degré de satisfaction.	On mesure un résultat.
Exemple : évaluation du dynamisme d'un groupe (la valeur de référence fait appel à différentes qualités selon les personnes ; le dynamisme est pour certain de l'entrain, de la participation, pour d'autres il sera créativité...).	*Exemple : mesure de la participation à une réunion (nombre de propositions émises, nombre d'interventions...).*
Le jugement s'évalue.	L'objectif se mesure.

L'efficacité de la formation cible des savoirs enregistrés par des humains et non par des machines, aussi intègre-t-elle deux étapes : l'une plus informelle et proche de l'audit de satisfaction, l'autre plus sèche, fondée sur l'acquisition binaire des savoirs. Notons que la satisfaction, le contentement, le plaisir d'avoir participé à une formation facilitent l'intégration des nouveaux savoirs.

> **L'acquisition binaire est le contrôle final après formation ; deux seules réponses sont possibles : « je sais ou je ne sais pas ».**

Les évaluations à chaud, les évaluations à froid, et la mesure de l'efficacité de la formation présentent les différences suivantes :

- **Les évaluations à chaud** permettent le recueil des jugements de valeur des participants sur la qualité de la prestation. Ces évaluations se pratiquent dès la fin de la séance de formation ;
- **Les évaluations à froid** partent du même principe que les évaluations à chaud mais se pratiquent 2 à 6 mois après la fin de la session de formation. L'évaluation de la formation cible les remontées d'une formation sans rechercher des résultats formalisés. Elle convient aux formations dites de sensibilisation ou de culture. Elles correspondent à de l'information et non de la formation ;
- **La mesure de l'efficacité de la formation** se différencie du questionnaire à froid.

Différence entre efficacité de la formation et questionnaire à froid

DIFFÉRENCES	
Mesure de l'efficacité de la formation	**Questionnaire à froid**
Interview croisée des acteurs concernés : stagiaires, hiérarchie, formateurs et service formation, l'interview se déroulant sur les postes de travail : • Le stagiaire trouve un interlocuteur à son écoute ; • Le service formation et les formateurs sont également interviewés ; • Les acteurs « légitiment » leurs nouveaux savoirs ; • Le questionnaire intègre des critères de mesure et les niveaux d'efficacité. La mesure peut se pratiquer dès la fin de la session, notamment sur la partie connaissances théoriques.	Le stagiaire formule ses impressions et ses remarques, tant sur l'organisation du stage que sur ses apports professionnels : • Le stagiaire est seul face à son papier à remplir ; • Le stagiaire et le hiérarchique ou le tuteur sont concernés par ce questionnaire à froid ; • Le stagiaire fait part de ses remarques ; • La trame du questionnaire reprend celle du questionnaire de l'évaluation à chaud ; • L'évaluation à froid est réalisée 1 à 6 mois après la formation.
SIMILITUDES	
Questionnaire se pratiquant après la session de formation.	

Chapitre 2

Les enjeux de la démarche

Si l'entreprise met en place une nouvelle configuration formative, que va-t-elle y gagner ? Quels en sont les risques ?

En termes de moyens, la mise est faible, et par conséquent le risque s'annonce léger. En effet la démarche efficacité relaie les structures ou systèmes déjà existants au sein de l'entreprise, tels que :

▶ Des formateurs internes ou externes ;

▶ Une procédure formation ;

▶ Un système de gestion des compétences ou une description des postes de travail formalisée ;

▶ Un système qualité.

Les apports de la formation par objectifs

Changements occasionnés par	Pour l'individu Niveau personnel	Pour l'entreprise Niveau collectif
Les objectifs de performance	Une reconnaissance de ses compétences	Une augmentation de la compétitivité
Les objectifs opérationnels	Une reconnaissance des : • Capacités professionnelles • Expériences	Un vivier de savoirs utilisables au moment T Une évolution de l'expertise et de la polyvalence
Les objectifs pédagogiques	La satisfaction due aux nouvelles connaissances	Un réservoir de connaissances

Mesurer le degré d'efficacité d'une formation s'intègre aisément aux outils de l'entreprise ; le plus ardu sera de veiller au respect de la pratique des objectifs, quitte à en imposer la rigueur méthodologique pendant un certain temps. La « formation utilisable » devient nécessité pour intégrer la somme de nouveaux savoirs diffusés dans l'entreprise.

Rechercher les qualifications

Augmenter et maintenir les qualifications professionnelles reste l'une des dynamiques de l'entreprise. La formation, nous l'avons déjà évoqué, constitue le maillon principal de ce défi permanent. Aujourd'hui, ce besoin de qualification se fait exigeant, il ne s'agit plus de faire de la formation pour répondre aux obligations légales, mais de produire des savoirs de façon utile. Sans faire de la sémantique, qualifications et compétences ne sont pas synonymes : les qualifications correspondent à des niveaux de savoirs, les compétences utilisent ces savoirs pour atteindre de nouvelles performances. La compétence peut exister chez un salarié sans être pour autant sollicitée.

La notion de compétences implique celle de l'autonomie : mieux on sait faire, mieux on se gère, et moins il y a d'erreurs. Nous pourrions ajouter : et plus l'entreprise et ses salariés y gagnent. De nombreuses définitions de la compétence existent, mais nous retiendrons celle du Medef :

> **La compétence professionnelle est une combinaison de connaissances, de savoir-faire, expériences et comportements s'exerçant dans un contexte précis. Elle se constate lors de sa mise en œuvre en situation professionnelle.**

La compétence repose sur une somme de savoirs, et ce sont précisément ces savoirs observables et mesurables qui feront naître les nouvelles compétences, mais, au stade de la formation, ils ne resteront qu'apports théoriques ou pratiques ; nous oserons l'image « formation = nursery des compétences ».

La compétence évolue, change avec l'homme, s'enrichissant de ses expériences et de son intuition ; elle garde un aspect prométhéen, libre et difficile à mettre en équation. Éclatons le concept en déclarant que la compétence tient au génie de l'homme ; ce surdimensionnement nous aide à introduire le propos suivant :

> **Mesurer l'efficacité d'une formation procure une lisibilité des connaissances acquises mais ne fabrique pas les compétences.**

Prenons pour exemple la vente de bières spéciales : je dois connaître et reconnaître leurs différentes provenances, leurs procédés de fabrication, ainsi que leurs particularités.

La formation suivie m'a appris à reconnaître les trois principales caractéristiques de 50 bières. Elle m'a bien donné les connaissances nécessaires à la tenue de mon emploi mais, hélas, je reste un piètre vendeur de bières car je ne sais pas ajuster les demandes des clients aux bières correspondantes ; mes ventes n'augmentent guère, il faut dire que je déteste vendre !

Que conclure ? Je suis qualifié mais non compétent pour cet emploi : j'ai atteint les objectifs fixés dans la formation et je liste sans erreur les 50 bières de référence. Le stagiaire et le formateur ont respecté leur « contrat ». Est-ce que la formation a été efficace ? Oui, si la fonction formation se limite au transfert de savoirs, et encore oui si l'entreprise a prévu d'utiliser mes savoirs hors du champ d'activité de la vente et cette formation pour une mutation vers l'emploi d'acheteur.

La formation est bien un trait d'union entre les ressources humaines et le salarié, entre la politique de l'entreprise et les qualifications recherchées. Ce trait d'union se matérialise en reliant le plus souvent possible les contenus des formations aux situations de travail.

Relier la formation aux situations de travail

Les formations de type « potion magique », « cataplasme sur jambe de bois » et « parapluie à étages » ont la vie dure et masquent généralement des problèmes de pure organisation du travail, de management ou de compétences :

» **La formation « potion magique »**, diffusée sans analyse préalable, déresponsabilise les acteurs concernés. Elle est censée gommer un problème, réduire en même temps les insatisfactions chroniques et assurer de surcroît le chiffre d'affaire de l'année ! La formation potion magique peut être de bonne qualité et inclure des situations de travail, mais son efficacité se heurte à un surdimensionnement de sa fonction ;

» **La formation « cataplasme sur jambe de bois »** se rapporte aux budgets limités ou aux problèmes de capacités. Les responsables pallient ces déficits en programmant au coup par coup des formations qui à elles seules ne peuvent résoudre les carences d'ordre technique ou humain. Le manque d'efficacité de la formation cataplasme provient d'une absence d'analyse et de coordination ;

» **La formation « parapluie à étages »** répond aux contraintes légales ou aux desiderata d'une direction dont le mot d'ordre « paix sociale » résonne dans tous les services. Cette déviance de responsabilités freine la vocation de la formation dont l'objectif, nous le rappelons, est de produire des savoirs utiles, de construire un suivi des résultats post-formation et non de subir des guerres intestines.

> La formation n'est pas une fin en soi mais un moyen
> de gravir les étapes d'une nouvelle performance.

Amortir les investissements formation

Un budget formation doit comme tous autres budgets de l'entreprise amortir ses investissements. Mais sa matière, essentiellement intellectuelle et humaine, est difficilement contrôlable. Ce capital dit immatériel est bien connu des Ressources Humaines qui se heurtent aux mêmes difficultés ; le recrutement d'un personnel hautement qualifié présente le risque d'engager un budget sur un capital humain par définition incertain. La valeur ajoutée apportée par le candidat marquera le bon choix de l'investissement.

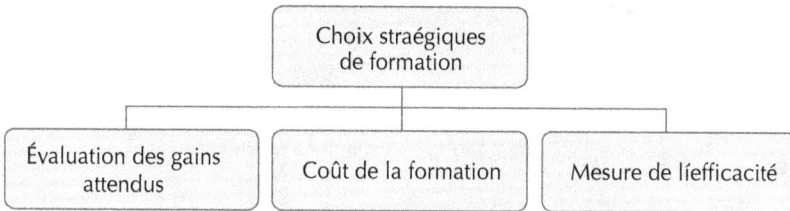

```
            ┌─────────────────────┐
            │  Choix straégiques  │
            │     de formation    │
            └─────────────────────┘
```

Évaluation des gains attendus	Coût de la formation	Mesure de l'efficacité

Attention ! Il ne s'agit pas de dépenser moins ou de limiter le budget formation, il ne s'agit pas non plus d'abaisser le prix des formations en négociant, voire en dévaluant les prestations des formateurs, mais d'ajuster la formation aux exigences de l'entreprise et de définir les paramètres de nouvelles performances.

Les premiers pas de l'amortissement formation nous orientent vers la formalisation des objectifs de performance. Eux seuls traduisent la nécessité de l'effort en monnaie sonnante et trébuchante. Ils motivent la déclinaison des objectifs de formation et le système de mesure associé.

Trois types d'investissements peuvent être répertoriés en fonction des caractéristiques des formations :

		Finalités des formations
Court terme	1 an	Consolidation ou perfectionnement des acquis existants
		Formation d'intégration des nouveaux embauchés
Moyen terme	3 à 5 ans	Accompagnement des changements
		Préparation aux métiers (promotion ou recherche de qualifications)
Long terme	> 5 ans	Évolution de la culture et des mentalités
		Adaptation aux évolutions techniques

Fidéliser les hommes et leurs compétences

D'autres enjeux s'annoncent pour les années à venir :

▶ Celui du savoir exportable ;

▶ Celui de la richesse humaine exprimée en savoirs explicites et combinatoires.

Le savoir ne sera plus limité dans un référentiel de compétences, mais utilisé comme ressource de résolution de problèmes. Ces savoirs combinés seront d'autant plus précieux que les situations professionnelles seront mouvantes, évolutives.

Le salarié recherche déjà aujourd'hui un savoir qu'il pourra exporter et négocier chez son prochain employeur. À l'ère de « la mobilité », ce savoir présente une valeur monnayable en dehors de l'entreprise formatrice. Celle-ci se démarque alors de sa concurrente non plus par des écarts de salaires ou d'avantages peu significatifs mais par des formations débouchant vers de réelles évolutions (ou révolutions) professionnelles et humaines. Le DIF[1] participe à un élargissement des savoirs choisis par le salarié. L'évaluation de la formation peut lui donner un poids valorisant la compétence associée.

**Plus la formation représente un enjeu important
et plus l'intervention de l'entreprise se fait stratégique.
Si elle décide d'amortir sa formation, elle opte pour une définition
de performances collectives.**

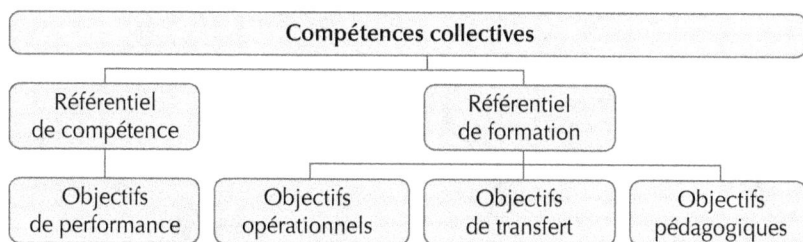

Cette configuration de la politique formative dans l'entreprise s'oppose à celle qui se fonde sur :

▶ Le seul souhait du salarié ayant pour exutoire la formation catalogue ;

▶ La libération des obligations légales de formation ;

▶ Une gestion de la formation *a posteriori* répondant aux « urgences d'hier ».

---

1. Droit individuel à la formation fixant un capital de 120 heures de formation par salarié, cumulables sur 6 ans (voir réforme de la formation professionnelle, Art. L. 933-1 et Art. L. 933-2 chapitre 3 de la réforme de la formation).

Chapitre 3

La problématique
« efficacité de la formation »

**La maîtrise du lien entre l'acte pédagogique et les situations
de travail façonne l'efficacité de toute formation.**

Le dispositif formation efficace a ceci de particulier : il façonne quatre
clés de contrôle utilisables à tout moment de la formation. Elles correspondent aux niveaux d'acquisition d'un nouveau savoir.

Comprendre et mémoriser	S'approprier	Acquérir	Maîtriser

Atteinte des objectifs de performance
MAÎTRISER

Atteinte des objectifs opérationnels
ACQUÉRIR

Atteinte des objectifs de transfert
S'APPROPRIER

Atteinte des objectifs pédagogiques
COMPRENDRE

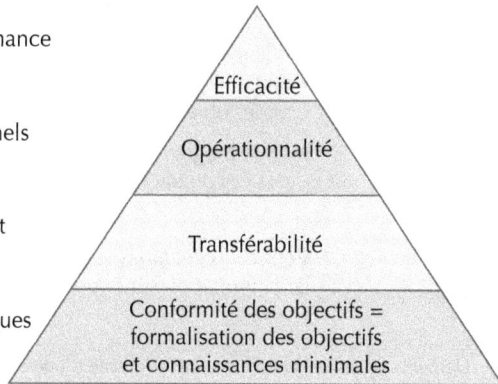

Efficacité

Opérationnalité

Transférabilité

Conformité des objectifs =
formalisation des objectifs
et connaissances minimales

L'illustration sous forme de pyramide permet de mettre en évidence l'interaction des objectifs. L'objectif de transfert assure une transition indispensable à l'atteinte des objectifs, tant pédagogiques qu'opérationnels. La traçabilité des savoirs en cours d'acquisition remplace avantageusement l'évaluation de la satisfaction des stagiaires.

« Former efficace » répond à trois questions : les formations réalisées sont-elles comprises ? Appropriées ? Utilisées ?

Les connaissances : qu'est-ce qui a été appris ?

L'acte pédagogique ouvre à la compréhension de nouveaux concepts, de nouveaux schémas logiques qui s'appuient sur des conventions, des principes, ou une terminologie que les stagiaires mémoriseront plus ou moins bien.

Les trois questions de l'efficacité d'une formation

	Démarche efficacité	Public concerné
… Comprises ?	Vérification de la formulation des objectifs pédagogiques en termes de résultats	Service formation Client final Prestataires
	Contrôle de la compréhension et de la mémorisation des points clés[a] de la formation suivie	Stagiaires
… Appropriées ?	Vérification et analyse : • de l'adéquation des exercices et des objectifs	Prestataires Formateurs internes Stagiaires
	• de la programmation du suivi par des cas de travail en grandeur réelle	Hiérarchie Tuteurs Stagiaires
… Utilisées ?	Vérification et analyse des effets de la formation sur le poste de travail	Hiérarchie Tuteurs Stagiaires

a.   Éléments de savoirs conditionnant la réussite d'une opération.

La taxinomie de Bloom présente la progression de l'acquisition des savoirs et balise les grandes étapes qui ponctuent les moments d'un transfert pédagogique. Qui veut opérer une mesure des savoirs ne peut ignorer ce déroulement.

La taxinomie de Benjamin Bloom en 1954 répertorie la hiérarchisation des champs cognitif (savoirs théoriques), affectif (savoir être) et psychomoteur (savoir faire).

L'acquisition des savoirs (à partir de la taxinomie de Bloom)

Savoir théorique		
		Niveau de la résolution de problème *Opérations de transposition*
	Niveau de la compréhension *Extrapolation, analyse, analogie, synthèse*	
Niveau de la connaissance *Terminologie, conventions, principes, classifications*		
Savoir faire		
		Niveau d'expertise *Automatisme*
	Niveau de coordination *Articulations de plusieurs opérations*	
Niveau de l'imitation *Observation, décomposition*		
Savoir être		
		Niveau d'intégration personnelle *Choix, attribution d'une valeur, référence*
	Niveau de réponse *Recherche et réflexion*	
Niveau de la réceptivité *Volonté de recevoir, écoute*		

Le parcours ainsi défini se fait différemment pour chacun des stagiaires, l'essentiel étant de parvenir à des savoirs communs ou à une unité des savoirs. Cette unité de savoirs ou socle de savoirs ou encore « minimum de savoirs garanti » intègre les points clés du transfert.

Pour mieux saisir l'importance de l'unité des savoirs, reprenons notre exemple de formation à la maintenance de tout premier niveau en bureautique :

Supposons que cette formation soit réalisée simultanément par cinq formateurs ayant chacun un groupe de dix stagiaires. L'un des formateurs dérive et oublie les objectifs initiaux.

Son groupe de stagiaires a acquis des savoirs peut-être passionnants mais non utiles à l'atteinte des objectifs définis. Que se passe-t-il de retour sur le poste de travail ? Ces dix ex-stagiaires reproduisent les mêmes erreurs qu'ils ne peuvent solutionner faute de connaissances adéquates, pendant que les quarante autres appliquent avec succès les savoirs transmis.

L'aspect caricatural de cet exemple illustre l'intérêt présenté par l'unité ou socle de savoir minimal acquis.

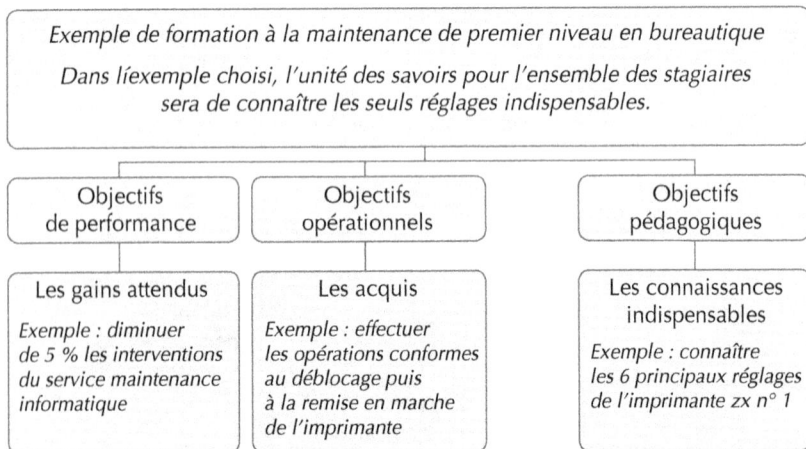

Exemple de formation à la maintenance de premier niveau en bureautique

Dans líexemple choisi, l'unité des savoirs pour l'ensemble des stagiaires sera de connaître les seuls réglages indispensables.

Objectifs de performance	Objectifs opérationnels	Objectifs pédagogiques
Les gains attendus	Les acquis	Les connaissances indispensables
Exemple : diminuer de 5 % les interventions du service maintenance informatique	*Exemple : effectuer les opérations conformes au déblocage puis à la remise en marche de l'imprimante*	*Exemple : connaître les 6 principaux réglages de l'imprimante zx n° 1*

Le « savoir minimum garanti » permet de tabler sur des savoirs réellement acquis et non sur des résultats... probables, attendus... souhaités. La séance de formation doit à un moment produire un résultat de type binaire, aussi minime soit-il.

Par exemple, lors d'une formation aux langues étrangères, le stagiaire a appris ou n'a pas appris – il sait ou ne sait pas –, l'objectif est atteint ou ne l'est pas.

Les formations dites généralistes, de culture, de sensibilisation présentent une matière plus difficile à mesurer et ne sont d'ailleurs pas programmées pour l'être.

Pour devenir efficace, l'action de formation, répétons-le encore et encore, doit présenter des objectifs, certes, mais où sont-ils inscrits ? À quel moment sont-ils connus ? Comment les vérifier ?

La conformité de l'action de formation

Pour être efficace, c'est-à-dire utile et utilisable, l'action de formation doit dans un premier temps produire des connaissances conformes aux demandes de ses prescripteurs (managers, stagiaires) et contrôler la mémorisation d'un minimum de points clés.

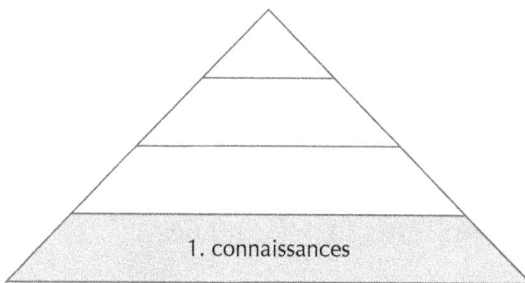

1. connaissances

Comment vérifier cette conformité ? Le dispositif efficacité vérifie par le biais d'une enquête terrain :

▷ La formulation des objectifs pédagogiques en termes de résultats ;

▸ L'adéquation du programme de formation aux objectifs annoncés ;

▸ La mémorisation des points clés définis par le formateur.

**Le terme de conformité ne recouvre pas le sens « qualité »
mais désigne simplement la vérification du programme
avec sa réalisation.**

**Résumé de la conformité d'une formation efficace
et de ses impacts dans le quotidien**

CONTRÔLE DE LA CONFORMITÉ DE LA FORMATION RÉALISÉE			
Démarche efficacité	Public concerné	Comment	Impact
Vérification de la formulation des objectifs pédagogiques en termes de résultats, ces objectifs ayant été définis en amont de l'action de formation	Services formation Prestataires	Formalisation validée par un cahier des charges ou autres documents Interview formateurs et correspondants formation	Fiabilisation de la formation et valorisation de son rôle
Contrôle de la compréhension de la formation suivie	Stagiaires Tuteurs ou accompagnateurs Acheteurs de la formation	Vérification de la mémorisation des connaissances essentielles Interview	Unité de nouveaux savoirs disponibles pour l'employé et pour l'entreprise Relais avec la GPEC (gestion prévision-nelle des emplois et des compétences)

L'atteinte des objectifs pédagogiques

**L'atteinte d'un objectif pédagogique se solde par une somme
de connaissances générales, techniques, ou spécifiques.**

À quoi l'entreprise saura-t-elle que les stagiaires ont effectivement
« appris » pendant la formation ? Par un contrôle de connaissances

en fin de session, cette pratique présentant une dimension scolaire peu adaptée aux adultes détenant un niveau d'expertise ou d'autonomie élevé. Ou encore par une interview ciblant la mémorisation des points clés de la formation. Les stagiaires qui ont intégré de nouvelles connaissances les évoquant spontanément lors d'un entretien, l'enquête comportera peu de questions, mais celles-ci intégreront systématiquement le point clé révélateur des connaissances incluses dans l'objectif pédagogique.

Par exemple, une formation au compte rendu écrit nécessite l'intégration de la notion de lisibilité ; en effet, comment écrire un compte rendu si je n'ai pas compris que la lisibilité de ma prose tient à la structure grammaticale de ma phrase ?

Cette notion de lisibilité faisant l'objet d'un des objectifs pédagogiques de la formation, l'interview fera donc état de la formule de Gunning (ou celle de Flesch), référence pour établir la lisibilité d'un texte. Si tous les stagiaires interviewés connaissent cette formule... on peut prétendre à une atteinte de cet objectif pédagogique.

Les points clés

Le point clé d'un transfert articule les quelques éléments indispensables à la compréhension d'un enchaînement d'opérations ou d'idées.

La mise en évidence de ces points clés active l'aptitude des stagiaires à mémoriser de nouvelles données.

Par exemple, comment pourrais-je apprendre à formuler un résultat si je n'ai pas compris que seuls le fait et son constat sont recevables (point clé).

Ils deviennent ainsi des points de repères tout indiqués pour modeler les unités de savoirs. L'exemple précédent se formule en une ligne mais représente une somme de savoirs non négligeable, et les stagiaires pouvant expliquer aisément ce point clé prouveront tout naturellement leurs acquis.

Le point clé revêt une importance capitale dans l'outil de mesure de la formation. « Phare » de l'opération efficacité, sa définition met spontanément les acteurs en relation. Ainsi une formation techniquement pointue comporte des points clés échappant au personnel d'un service formation.

Seul un formateur ou un expert pourra valider la pertinence des points clés. Ce travail d'architecture présidant la mesure de la formation change l'acte d'achat de la formation ainsi que la sélection des formateurs. Le point clé, de prime abord insignifiant ou secondaire, condense des enchaînements de savoirs quasi maïeutiques.

La mesure de l'efficacité de la formation vérifie une première étape fondamentale, celle de la mémorisation d'un minimum de connaissances associées aux objectifs pédagogiques.

Le transfert des savoirs : qu'est-ce qui est approprié ?

À cette étape de la formation, l'efficacité se définit par la notion d'utilisable : est-ce que les connaissances, les méthodes et les techniques transférées seront exploitables en situation professionnelle ? Une formation dite efficace facilite ce moment de transposition.

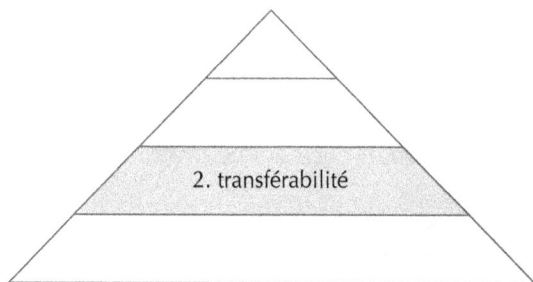

Les objectifs de transfert assurent donc le passage :

⟩ Du savoir *au* faire ;

⟩ De l'intention *à* l'utilisation ;

⟩ De la compréhension *à* la réalisation, pendant la formation.

Généralement, les exercices et cas de travail se pratiquent en séance de formation mais restent trop souvent génériques ou sans lien direct avec les objectifs pédagogiques ou opérationnels. Durant cette phase, les prestataires et les stagiaires rendent visible, tangible, le niveau d'intégration des nouvelles connaissances.

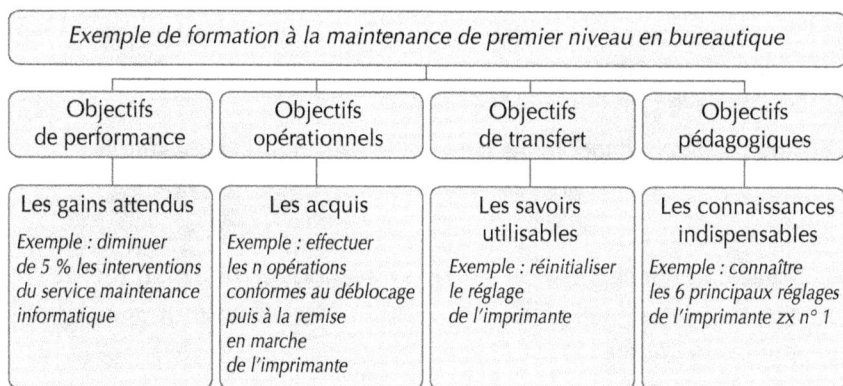

Exemple de formation à la maintenance de premier niveau en bureautique			
Objectifs de performance	Objectifs opérationnels	Objectifs de transfert	Objectifs pédagogiques
Les gains attendus	Les acquis	Les savoirs utilisables	Les connaissances indispensables
Exemple : diminuer de 5 % les interventions du service maintenance informatique	*Exemple : effectuer les n opérations conformes au déblocage puis à la remise en marche de l'imprimante*	*Exemple : réinitialiser le réglage de l'imprimante*	*Exemple : connaître les 6 principaux réglages de l'imprimante zx n° 1*

Les objectifs de transfert prévoient la transposition des savoirs théoriques aux problématiques du quotidien ; les exercices et diverses applications deviennent les témoins de l'appropriation nécessaire à cette étape intermédiaire. Dans l'exemple choisi, la simulation en grandeur réelle pendant la formation permet une première lecture de résultat.

**La transférabilité d'une action de formation efficace
et de ses impacts dans le quotidien**

CONTRÔLE DE LA TRANSFÉRABILITÉ DE LA FORMATION			
Démarche efficacité	Public concerné	Comment	Impact
Vérification de la définition des objectifs de transfert	Formateurs Managers Responsables formation	Déclinaison formalisée sur un cahier des charges ou autre document	Coordination des acteurs concernés
Collecte des exercices pratiques ciblant la mémorisation du socle de connaissances	Prestataires Formateurs internes	Interview des acteurs concernés sur l'adéquation des exercices pratiques aux objectifs	Levier d'action sur la qualité des prestations

La méthode pédagogique

« Formons efficace » inclut la transaction pédagogique et vérifie la pratique d'une méthode pédagogique. Celle-ci se définit par l'organisation du savoir en étapes progressives.

Les méthodes pédagogiques peuvent se décliner comme suit :

▷ Magistrale avec exposés ;

▷ Démonstrative ;

▷ Avec alternance d'exposés et de simulations en grandeur réelle ;

▷ De découverte active avec alternance d'exposés et de recherches par les stagiaires.

L'adaptation du type de transfert aux contenus de la formation se conçoit aisément : la méthode dite démonstrative est associée à un transfert de savoirs techniques, alors qu'une méthode dite de découverte active est préconisée pour les formations de type tertiaire (relations humaines).

Le dispositif efficacité vérifie que la formation ciblée présente bien :

» Une progression cadencée par des objectifs pédagogiques ;

» L'alternance équilibrée des moments didactiques et des séances pratiques. En effet, les exposés magistraux des formateurs, aussi brillants soient-ils, ne peuvent avoir d'impact que s'ils sont suivis d'exercices adaptés.

La pédagogie souligne qu'une durée d'exposé trop longue annihile l'attention des stagiaires. L'équilibre des séquences pédagogiques se répartit idéalement de la façon suivante : 20 minutes d'exposé suivies de 25 minutes d'exercices d'application avec retour d'explications. Ces 45 minutes correspondent au rythme d'attention soutenue chez l'adulte.

> **Dans tous les cas, le passage du registre conceptuel
> ou intellectuel au registre pratique relève d'une pédagogie
> adaptée propre à l'efficacité d'une formation.**

L'ajustement aux situations de travail

Une formation est efficace quand elle facilite la transposition des nouvelles connaissances aux problématiques professionnelles des stagiaires. L'apport d'exercices directement issus de la réalité professionnelle se fait impératif.

Prenons l'exemple de la conduite de réunion en secteur administratif. Le formateur expose la notion de l'ordre du jour, puis la différence entre ordre du jour, thème et objectif de la réunion. Il propose de conclure cet exposé par un exercice pratique à réaliser en sous-groupes : l'exercice se limite à la rédaction d'une convocation à une réunion.

Dans le cas présent, le thème de l'exercice fait référence aux procédures ABC et non aux problèmes de tondeuses à gazon !

> **Les exercices aussi mineurs soient-ils doivent cadrer
> avec le quotidien professionnel des stagiaires.
> L'apport des cas de travail en accord avec les spécificités
> de l'entreprise se vérifie aisément.**

La démarche efficacité recherche encore et toujours « l'utilisable » dans chaque type de formation. Une formation qui met l'accent sur la transférabilité facilite la transposition des nouvelles données au quotidien et permet au stagiaire de vérifier par lui-même l'utilité de ses nouveaux acquis.

Comment activer cet ajustement

Le formateur dispose de plusieurs possibilités :

- Faire produire son groupe sur les problèmes inhérents aux objectifs de la formation et s'en servir pour illustrer les exercices pratiques. Cette façon de procéder, souvent appréciée des stagiaires, les implique dès le début de la formation et favorise l'adhésion ;
- Rencontrer la hiérarchie avant la prestation et construire avec les managers des cas de travail issus du quotidien. Cette démarche incite la hiérarchie à participer plus activement au suivi de la formation.

Quant à l'entreprise, elle aurait toute latitude pour capitaliser les problématiques vécues et leurs solutions sous forme de « bibliothèque », mais se donne-t-elle les moyens de le faire ?

Comment vérifier cet ajustement

La transposition se vérifie :

- Soit avant la formation :
  - en vérifiant la définition d'objectifs de transferts,
  - en collectant quelques exercices validés par les acteurs concernés ;
- Soit après la formation :
  - par interview auprès des formateurs et stagiaires,
  - par retour sur les résultats relatifs à ces objectifs de transfert.

Les moyens humains et techniques

Le nerf de la guerre réside dans ces quelques termes : le manque de moyens techniques et le manque de budget, qui ont bien souvent servi de prétextes pour masquer des formations stériles.

Il faut comprendre par moyens techniques la mise à disposition :

▸ De matériels de démonstration allant du banc d'essai au matériel informatique interactif, du laboratoire de langues aux maquettes et modèles réduits, etc. ;

▸ Et, plus simplement, le cas de travail référencé et validé par la hiérarchie, sur lequel le stagiaire pourra s'exercer lors du retour sur son poste de travail.

Ce dernier moyen mérite quelques précisions et se comprend plus aisément grâce à un exemple :

Suite à une formation au tableur, le stagiaire, Monsieur Jean Cérien, a repris son poste de travail. Comme de coutume, son chef lui a simplement demandé : « Alors, ça s'est bien passé ? C'était intéressant ? » Puis a conclu par un : « Allez, au boulot maintenant ! »

Notre ex-stagiaire pousse un « ouf ! » de soulagement car il craint de mettre en pratique ses nouveaux savoirs. Il se dit qu'en formation, le formateur l'aidait à rectifier ses erreurs, alors que dans la réalité ses erreurs lui seraient reprochées. Aussi préfère-t-il faire profil bas et attendre le jour où son chef lui demandera un tableau incluant les nouvelles fonctions apprises en formation. Monsieur Jean Cérien compte sur le phénomène temps : en effet, plus le temps écoulé entre le retour de formation et la pratique en grandeur réelle sera long, et plus ses éventuelles erreurs seront justifiées...

Généralement, le stagiaire envoyé en formation revient sur son poste de travail et ne bénéficie d'aucune situation lui permettant de transposer les connaissances acquises lors de sa formation. Que conclure ? En maximisant la situation, nous nous trouvons face à un effet pervers de la formation.

> La formation non utilisée deviendra stérile, inutile et, pire,
> sera matière à fabriquer du stress, voire de la culpabilité
> chez un employé consciencieux. Le problème de l'après-formation
> reste à traiter et s'en réfère directement à la valeur
> du management.

Pour être efficace, l'après-formation nécessite deux interventions, croisées ou non :

- **Celle de l'initiative**. L'ex-stagiaire prend l'initiative de mettre en pratique ses nouveaux savoirs et demande la validation auprès de sa hiérarchie ; un suivi s'instaure bon gré mal gré ;
- **Celle du suivi post-formation**. La hiérarchie prévoit quelques situations de travail incluant les nouveaux savoirs de son équipier et instaure un suivi permettant de valider les progrès de ce dernier.

Bien évidemment, l'interaction des deux démarches, initiative de l'équipier et suivi hiérarchique serait idéale.

L'opérationnalité : qu'est-ce qui est mis en œuvre en situation de travail ?

> L'utile rime avec « mise en service » de ce qui a été appris,
> et l'utilisable avec le savoir-faire seul.

La formation est définie comme opérationnelle quand :

- Elle assure le lien entre l'utilisable et l'utilisé ;
- Elle permet de résoudre un dysfonctionnement en situation de travail et d'améliorer une performance (voir taxinomie de Bloom, p. 39).

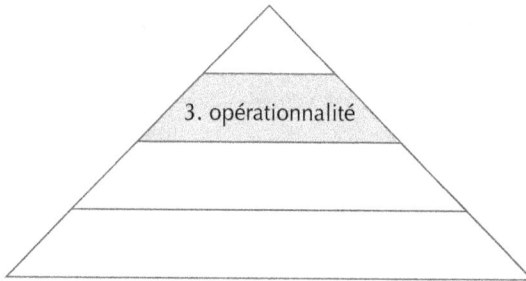

L'opérationnalité d'une formation n'existe que si :

▶ L'on fixe des objectifs pédagogiques pour atteindre un nouveau savoir ;

▶ L'on définit des points clés pour fixer la mémorisation de nouvelles connaissances ;

▶ L'on insiste sur l'opération de transférabilité pour la rendre utilisable ;

▶ L'on donne les moyens de répéter et parfaire le geste professionnel.

Toutes ces étapes formatives sont façonnées pour mettre en œuvre les nouveaux savoirs sur le poste de travail et répondre ainsi à la demande de nouvelles compétences.

La boucle se ferme-t-elle enfin ? Pas tout à fait.

Il reste à observer l'émergence de ces nouvelles compétences, il faudra les alimenter puis les valider et les rétribuer pour les associer définitivement aux forces vives de l'entreprise.

Ce travail n'appartient plus à l'organe formation mais à celui des ressources humaines :

▶ Dans le meilleur des cas, la formation aura rempli sa mission avec succès en servant de matrice pour faire naître de nouveaux savoirs ;

▶ Dans le pire des cas, la formation avorte avant même de pouvoir atteindre quelque résultat.

Le dispositif efficacité de la formation pallie ce type d'échec et permet de redresser les actions de formation « en voie de perdition » !

L'atteinte des objectifs opérationnels

L'opérationnalité se vérifie dans le quotidien par un « on a compris et on sait faire ». Elle s'observe par un comportement professionnel franchement marqué par :

▶ Une augmentation de l'autonomie sur le poste de travail ;

▶ La réduction de l'hésitation lors des opérations.

Une formation bien intégrée fait déclarer à ses utilisateurs « on sait solutionner et même apporter des améliorations à l'existant ». Mais est-ce attribuable à la seule action de formation ?

L'intervention « alchimique » est toujours présente dans l'appropriation d'un savoir. Que se passe-t-il entre le moment où le stagiaire découvre de nouveaux savoirs et le moment où ce savoir s'inscrit naturellement, automatiquement dans son geste professionnel ? Quelle qu'en soit l'origine, seul le constat d'un savoir en pleine émergence sera retenu.

L'opérationnalité d'une formation efficace et de ses impacts dans le quotidien

CONTRÔLE DE L'OPÉRATIONNALITÉ DE LA FORMATION			
Démarche efficacité	Public concerné	Comment	Impact
Formalisation des situations de travail incluant les connaissances issues de la formation en « salle »	Formateurs Managers Responsables formation	Interview sur le calendrier du suivi mis en œuvre	Renforcement de la coordination entre le service formation et les managers
Collecte des situations professionnelles permettant de mesurer les écarts entre les résultats attendus et les résultats effectifs	Prestataires Managers Tuteurs ou référents Stagiaires	Interview des acteurs concernés sur les acquis de la formation utilisés en situation professionnelle	Lisibilité de la progression des qualifications professionnelles

Comment vérifier l'atteinte d'un objectif opérationnel ?

» Seule la mise en œuvre des nouveaux savoirs sur le poste de travail apporte une réponse ;

» Seule la participation des managers ou accompagnateurs garantit la valeur de ces résultats dits opérationnels ;

» Seul un document de suivi permettra la lisibilité dans le temps.

La mise en œuvre des savoirs

Là encore, une précision s'impose.

Un suivi post-formation matérialise le relais idéal entre la formation « en salle » et celle diffusée en situation de travail.

Le rôle de la hiérarchie se comprend aisément dans cette phase d'aboutissement de l'effort formation. Le manager de proximité prévoit la charge de travail de ses équipiers et inclut les temps nécessaires à la mise en œuvre de leurs nouveaux savoirs. Ces temps ont un coût, certes, mais généreront de nouvelles performances dans l'équipe.

La hiérarchie dispose des deux formules suivantes pour mettre en œuvre des savoirs en situation de travail : le tutorat et l'accompagnement. Le dispositif efficacité de la formation devient plus sensible lors de cette phase car il dépend des seuls managers de proximité qui témoigneront de la mise en œuvre des savoirs sur le poste de travail.

> *Reprenons le cas de Monsieur Jean Cérien, L'après-formation pourrait se dérouler de la façon suivante : le manager n'exerce aucun suivi de formation sur le poste de travail et continue à produire lui-même les tableurs dont il a besoin. Un silence tacite entre le manager et son équipier s'instaure ; ils n'évoqueront plus cette formation qui, finalement, était dérangeante pour tous deux.*

Les auditeurs de la démarche efficacité de la formation s'arrêtent donc là ? Affirmatif ! Le rôle d'auditeur ne se calque en aucun cas sur celui de l'inquisiteur. Par contre ils enrichiront le système formation d'un constat valant son pesant d'or.

> *Par exemple : la formation au tableur n'a pas été appliquée en situation de travail par manque de relais, elle a donc coûté autant et n'a pas été rentable pour l'entreprise.*

Comment vérifier que la mise en œuvre des savoirs produit bien les résultats escomptés ? L'acte de formation produit un résultat constatable *si :*

▸ Les managers ont défini des paramètres de performance inhérents à la formation suivie ;

▸ Une formule de suivi a été programmée sur les calendriers ;

▸ Les résultats obtenus ont été formalisés et validés conformément aux objectifs initiaux.

© Groupe Eyrolles

La mesure de l'efficacité sur le poste de travail rejoint donc le processus de la validation des compétences, mais il en diffère totalement. En effet, il s'agit de valider l'exercice d'un tout nouveau savoir issu d'une formation récente, et non d'un savoir existant issu d'une pratique courante.

L'accompagnement et le tutorat

L'accompagnement, ou suivi hiérarchique, reste la formule la plus simple et la moins onéreuse. Le suivi comporte des objectifs de progrès définis par le hiérarchique ou par l'accompagnateur. Un calendrier d'entretiens balise les conseils, les ajustements pratiques, la résolution des problèmes ou des difficultés rencontrés dans la mise en œuvre des savoirs.

La formule du tutorat fait appel à un référent pour un, deux ou trois stagiaires, le tuteur coûte à l'entreprise mais reste irremplaçable. Miser sur l'efficacité de la formation inclut la participation de cet acteur pour les formations les plus sensibles ou techniques.

Un document de suivi se fait indispensable et demande une validation par le hiérarchique.

La mesure de l'efficacité de la formation

Le calcul de l'efficacité de la formation se résume au rapport :

Nombre d'objectifs opérationnels atteints/Coût de la formation

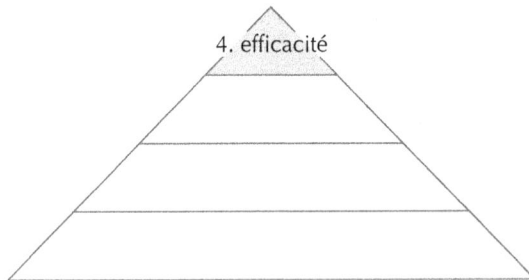

La mesure de l'efficacité donne des informations précieuses sur les compétences en cours d'acquisition. Cette traçabilité permet d'actualiser les référentiels métiers et d'alimenter la GPEC (gestion prévisionnelle des emplois et des compétences).

Concrètement, comment traduire le rapport objectifs opérationnels/coût de la formation ?

▸ Plus le rapport est élevé, plus le coût occasionné par la formation aura des chances d'être absorbé par des améliorations dans la qualité des produits ;

▸ Plus la pratique des nouveaux savoirs se combine à de nouvelles tâches, à un élargissement de l'expérience professionnelle, et plus la compétence recherchée sera effective.

Récapitulatif des impacts de la mesure de l'efficacité de la formation

MESURE DE L'EFFICACITÉ DE LA FORMATION			
Critères retenus	Public concerné	Comment	Impact
Nombre d'objectifs opérationnels atteints/nombre de nouvelles qualifications	Managers Responsables formation Chefs de services Ressources humaines	Interviews et rapports	Possibilité de décentralisation de la gestion de la formation dans les différents services de l'entreprise

Chapitre 4

Les acteurs
de la démarche efficacité

Cette facette « pratico-utile » de la formation change le comportement de ses acteurs. Le schéma suivant met en évidence le rôle du manager ; en effet, il incarne le correspondant idéal car il détient les informations en tant qu'expert, en tant que relais humain pour ses équipiers et, enfin, en tant que client ayant des besoins précis.

Interdépendance des acteurs de la formation
dans la démarche efficacité

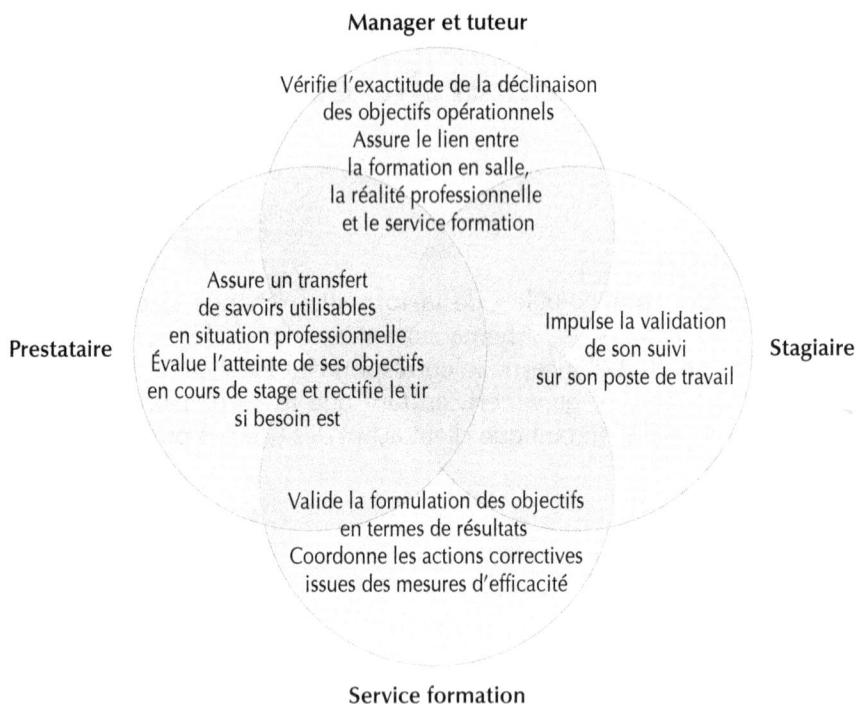

Manager et tuteur

Vérifie l'exactitude de la déclinaison
des objectifs opérationnels
Assure le lien entre
la formation en salle,
la réalité professionnelle
et le service formation

Prestataire

Assure un transfert
de savoirs utilisables
en situation professionnelle
Évalue l'atteinte de ses objectifs
en cours de stage et rectifie le tir
si besoin est

Impulse la validation
de son suivi
sur son poste de travail

Stagiaire

Valide la formulation des objectifs
en termes de résultats
Coordonne les actions correctives
issues des mesures d'efficacité

Service formation

**La modélisation des fonctions de la formation intégrant un expert
pour chaque formation « cœur de métier » donnerait une solide
architecture à la mesure des savoirs.**

La réduction des temps consacrés aux coordinations entre services
serait sans doute significative. Dans cette optique, le service formation n'assurerait plus que la centralisation de la gestion administrative.

Les stagiaires

Le stagiaire relie plus facilement sa formation à une qualification, cette perspective déclenchant souvent une implication plus soutenue au niveau des applications sur son poste de travail. En attendant ce changement de culture, le stagiaire notera une nouvelle parution dans l'information collective : le score de l'efficacité de certaines formations. score auquel il aura participé.

Les tuteurs

La démarche « formons efficace » met l'accent sur la mise en œuvre des nouveaux savoirs, les tuteurs en étant la pièce maîtresse. Ils participent à la validation d'une qualification professionnelle, mais n'est-ce pas accorder trop de « pouvoir » à un seul acteur ?

Le rôle du tuteur doit se limiter à l'observation des progrès de ses équipiers, la validation des savoirs opérationnels étant du ressort d'un chef d'atelier ou d'un chef de service.

La démarche efficacité comprend les documents de suivi tuteur/équipier aménagés pour recevoir le contrôle efficacité et l'aval de la hiérarchie... (voir la partie méthodologique en Partie 2).

Les managers

La mission de l'encadrement se manifeste en amont et en aval de la formation :

▸ Analyser le besoin ;

▸ Justifier la formation et produire des objectifs de performance ;

▸ Planifier du temps et organiser le suivi de la mise en œuvre sur le poste de travail ;

▸ Valider et transmettre les résultats aux acteurs concernés par l'intervention.

Le manager, relais de formation, dispose non seulement du suivi des entretiens annuels, mais également de la connaissance de ses équipiers. Le dispositif « former efficace » peut également se concevoir par un relais d'accompagnateurs, tuteurs ou correspondants formation qui :

▶ Coordonnent l'adaptation des cas de travail aux objectifs prévus pour les différents équipiers ;

▶ Analysent les suivis post-formation ;

▶ Assurent l'information en retour des acteurs concernés : équipiers, managers, service formation, service ressources humaines.

Le service formation

La démarche « former efficace » change les pratiques du service formation, notamment celles qui s'en réfèrent à :

▶ **L'exploitation des évaluations**. Que d'énergie déployée et de temps consacré à la « réquisition » des questionnaires d'évaluation à froid. Les retours de ces questionnaires se font attendre, il faut donc battre le rappel ; quand enfin un nombre de retours devient acceptable, commence la compilation des scores qui, généralement, aboutit à un archivage sans réelle analyse. L'après-formation constitue un volet mangeur de temps, que le dispositif efficacité de la formation relaie avantageusement ;

▶ **L'ingénierie de la formation**. La démarche efficacité incite le service formation à structurer la jonction de la formation avec le système compétence ; le choix des situations d'observation et la formalisation du suivi de la formation sur le poste de travail requièrent une nouvelle organisation ;

▶ **La coordination et l'acte d'achat de la formation**. Le responsable formation ne peut être poly-compétent. Dès lors, la volonté de fiabiliser l'avant et l'après-formation fait appel à l'expertise des commanditaires de la formation (managers, formateurs…). L'exemple suivant, bien que classique, incite à la réflexion.

Comment évaluer le sérieux d'un contenu de formation en matériaux de construction si l'expertise du responsable formation est circonscrite au domaine de la psychologie.

Les rôles d'expert et d'acheteur en formation ne sont pas systématiquement cumulables. Le dispositif « former efficace » marque un relai dans une activité mangeuse de temps et fait évoluer le service formation vers sa fonction de centralisateur, de coordinateur et de gestion. La particularité réside dans la notion de transférabilité. Le service formation veille à ce que les formateurs intègrent dans leur transfert de savoirs cette étape en prise directe avec la réalité professionnelle. « Transférabilité oblige » ou supplique pour de la véritable formation – le profil de formateur se calque sur celui de pédagogue pour adulte –, il formalise donc des objectifs en termes de résultats et les jalonne par quelques points clés, et son référentiel pédagogique et exerce un auto-contrôle par l'usage de son référentiel pédagogique.

Les formateurs

La démarche efficacité incite les prestataires internes comme externes à parfaire leur copie : il n'est plus question de formuler des lignes d'un programme de formation sans dérouler une déclinaison d'objectifs pédagogiques, sans rechercher les points clés et sans prévoir des exercices adaptés.

La formalisation se trouve curieusement allégée de ses redondances :

▶ Le prestataire pratique l'évaluation en cours de formation et contrôle ainsi la progression de ses objectifs ;

▶ Le retour d'informations se fait sur des résultats tangibles, et non plus uniquement sur des évaluations à chaud ;

▶ Le formateur dispose d'une marge de régulation importante et détient en quelque sorte le pouvoir de faire avancer le dispositif efficacité de la formation : il devient le vecteur d'un nouveau socle de savoirs théoriques, mais utiles, quel que soit le niveau de connaissances acquises.

Mot de passe : utilité

Le programme livré par le formateur doit pouvoir se transcrire sans aucune difficulté dans le canevas suivant. La qualité de la prestation ne se détecte pas au nombre d'objectifs ou au nombre d'exercices programmés, mais par la convergence entre objectifs de formation et objectifs pédagogiques, ainsi que par la pertinence des quelques points clés (ou conditions de réussite de l'objectif).

Le canevas de la mise en objectifs des programmes de formation

A	B	C	D
Objectifs pédagogiques	Points clés	Objectifs de transfert	Cas de travail
Ce qui doit être compris et appris	Les éléments essentiels conditionnant la réussite de A	Ce qui doit être appliqué, testé, pour intégrer A sur le poste de travail	Résolution de problèmes issus de la documentation de l'entreprise ou proposés par la hiérarchie ou par les stagiaires
Définir le rôle de facilitateur en usant de la technique d'écoute active et de questionnement	La reformulation Le registre fait opinion – sentiment		

Les changements des tâches formation induits par la démarche efficacité

Activités principales du service formation	Changements induits par la démarche efficacité
LE PLAN DE FORMATION	
Élaboration du plan de formation	
Identification des besoins de formation	
Analyse des besoins et budgétisation	Prise en compte des objectifs de performance explicités par les commanditaires
• Formalisation des données	
• Saisie du plan de formation prévisionnel	
Présentation du plan aux instances	
Communication du plan	
Planification du plan de formation	
Programmation des actions de formation	
• Répartition des stagiaires par groupe et session	
• Reports des hors plans de l'année n - 1	
• Achat de formation	Introduction des points clés et objectifs de transfert dans le programme du prestataire
• Cahier des charges	Insertion des critères de mesure pour les actions prévues

.../...

.../...

Activités principales du service formation	Changements induits par la démarche efficacité
ÉVALUATION DE LA FORMATION	
Traitement des évaluations à chaud et à froid	
Régulation et suivi des actions	Calendrier des entretiens de suivi post-formation
Validation des résultats obtenus	Quantification des mesures et rapports à destination des RH
Mise en œuvre d'un retour d'information	Communication des résultats des formations
Reconnaissance des nouvelles qualifications	Actualisation des formations sur les ouvertures de poste de travail
SUIVI ADMINISTRATIF DU PLAN DE FORMATION	
Conventions de formation annuelles et pluriannuelles	
Facturation et refacturation	
Notes de frais	
Divers contrats relayant l'apprentissage	
Feuilles de présence internes et externes	
Hors plan	
Historique des formations par stagiaire/service	
Suivi des écarts entre prévu et réalisé/service/thème.... bilan de formation	

Mémos et récapitulatifs

Mesurer la formation pour quoi faire et comment

MESURER	Les objectifs pédagogiques	Les objectifs de transfert	Les objectifs opérationnels	Les objectifs de performance
QUOI	La découverte des connaissances	La compréhension et la mémorisation	La mise en application des acquis de formation	Écart entre la situation de référence et la situation effective
AVEC QUOI	Les QCM, les questionnaires	Les exercices d'applications, les simulations, les rapports de stage... la documentation	Les études de cas sur le poste de travail Suivi ou tutorat	Analyse des écarts entre objectifs de formation et objectifs opérationnels
QUAND	Pendant et à la fin de la session de formation	Pendant le stage et/ou durant les intersessions	Après la formation et dès le retour sur le poste de travail	Dans une période de 1 à 6 mois après la formation

Enjeux et risques de la démarche efficacité de la formation

	DÉMARCHE EFFICACITÉ	IMPACTS
Enjeux	Cibler les formations de façon plus objective sur l'utilité du savoir Contrôler la progression des savoirs dans l'entreprise Améliorer la qualité des formations dispensées	Maîtriser les coûts de la formation Acquérir/augmenter les qualifications profession-nelles nécessaires à l'entreprise Fiabiliser le rôle de la formation dans l'entreprise Diminution des formations inutiles
Difficultés	Investissement temps Changement des méthodes de travail Charge de travail supplémentaire pour les managers	Aménagement des fonctions managériales
Effets pervers	Les formateurs diminuent le niveau des connaissances à acquérir pour atteindre plus facilement des résultats attendus Copinage de la hiérarchie avec ses équipiers pour éviter de dépenser du temps dans un suivi... ou éviter tout changement dans son équipe	Dévalorisation de la démarche et retour à la case départ

Exercices

Vérifiez votre formulation d'objectifs[1]

	Vrai	Faux
En formation, un objectif définit les capacités à atteindre.		
Un objectif pédagogique exprime une intention simple.		
Les enjeux appartiennent au niveau politique de l'entreprise.		
En formation, un point clé est une articulation logique dans la progression de nouveaux concepts.		
Une formation fournit les savoirs nécessaires aux qualifications.		
La formation produit des compétences.		
L'efficacité d'une formation est une évaluation à froid améliorée.		

---

1. Corrigé p. 137.

Faites la différence entre objectifs et buts[1]

	Objectif	But
À l'aide de sa prise de notes, dessiner en 30 minutes un croquis de l'emplacement des écoulements sanitaires d'une habitation aux normes, la tolérance admise étant de 15 cm.		
Respecter la charte graphique de l'entreprise.		
Établir des bulletins de paye.		
Lister en semaine 14 le nombre de feuilles de présence non émargées des formations réalisées sur les 6 derniers mois.		
Laisser un message sur un répondeur téléphonique.		

---

1. Corrigé p. 138.

Contrôlez votre connaissance des différents types d'objectifs[1]

Objectifs	de performance	opérationnels	de transfert	pédagogiques
À l'aide de sa prise de notes, dessiner en 30 minutes un croquis de l'emplacement des écoulements sanitaires d'une habitation aux normes, la tolérance admise étant de 15 cm.				
Utiliser les cinq dernières matrices graphiques pour tous les documents de type ABC jusque décembre 2007.				
Lister en semaine 14 le nombre de feuilles de présence non émargées des formations réalisées sur les 6 derniers mois.				
Nommer les 3 rôles attribués à l'animateur de réunion en moins d'une minute.				
Lister en 15 minutes les 10 éléments nécessaires à la rédaction d'une fiche de paye.				
Réduire de 2 % en 3 mois les réclamations relatives aux erreurs de décompte sur les bulletins de paye.				
Calculer sans erreur le décompte du salaire et des charges en appliquant les n obligations légales.				
Nommer les 5 conventions régissant la rédaction d'une feuille de paye, à ce jour.				
Élargir la gamme de produits à 50 références supplémentaires pour l'été 2008.				
Programmer les 2 flux de production de l'atelier Fétou en introduisant les n paramétrages du robot Bogoce sur la période T.				
En utilisant les comptes rendus des semaines N à N + 8, repérer les 5 types de pannes principales et les étapes de remise en état sur le robot Bogoce.				
En 20 minutes et à l'aide du simulateur, désigner sur le schéma les deux paramètres de la panne Yop, puis les redéfinir pour une programmation de remise en marche.				

---

1. Corrigé p. 139.

PARTIE 2

LA MÉTHODOLOGIE

Les quatre étapes fondamentales de la démarche « former efficace » ont été développées dans la première partie du livre, soulignant le principe d'unité d'objectifs et la notion d'amortissement.

Cette deuxième partie traite de la mise en place effective du dispositif « mesure de l'efficacité de la formation ».

Chapitre 5

Les trois cartes de l'efficacité en formation

La démarche finalisée se visualise en trois cartes : la première affiche le niveau des savoirs auscultés et de leurs paramètres respectifs ; la deuxième détaille les critères de mesure ; la troisième présente la durée de l'amortissement de cette formation.

Première carte : la lecture des niveaux de savoirs

Lecture en pourcentage de réussite

Objectifs pédagogiques
Savoirs distribués

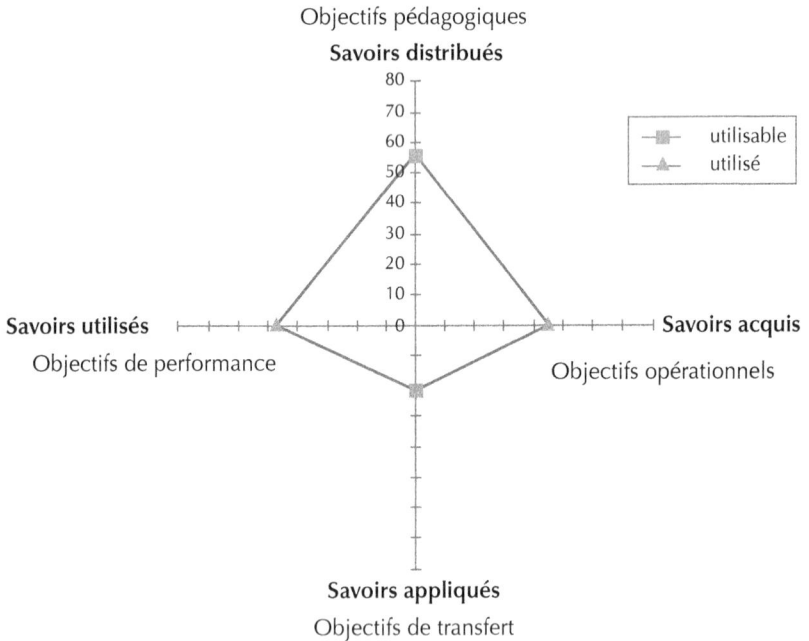

Savoirs utilisés
Objectifs de performance

Savoirs acquis
Objectifs opérationnels

Savoirs appliqués
Objectifs de transfert

À quoi correspondent les quatre types de savoir ?

» **Les savoirs distribués** correspondent aux connaissances acquises pendant l'interface pédagogique ;

» **Les savoirs appliqués** correspondent aux mises en pratique pendant la formation ou sur le poste de travail ;

» **Les savoirs acquis** correspondent aux savoirs mis en œuvre en situation professionnelle et validés ;

» **Les savoirs utilisés** correspondent aux savoirs acquis ne nécessitant plus d'accompagnement (autonomie).

La formation est positionnée
sur une échelle de valeur
utilisé/utilisable

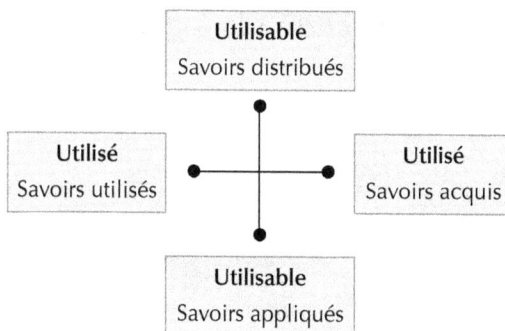

| Utilisable |
| Savoirs distribués |

| Utilisé | | Utilisé |
| Savoirs utilisés | | Savoirs acquis |

| Utilisable |
| Savoirs appliqués |

L'axe des savoirs acquis/utilisés visualise l'utilisation effective de la formation en situation professionnelle.

L'axe des savoirs distribués/appliqués visualise la déperdition entre la connaissance et ses applications. En d'autres termes, cet axe permet de lire le potentiel d'ancrage et de restitution des connaissances.

Ne pas confondre les savoirs utilisés et les compétences !

Les compétences sont des savoirs utilisés, certes, mais surtout maîtrisés, générant des résultats positifs et non... des catastrophes ! Des savoirs utilisés de façon autonome ne sont pas forcément encore adroits et performants.

Deuxième carte : la lecture des critères de l'efficacité

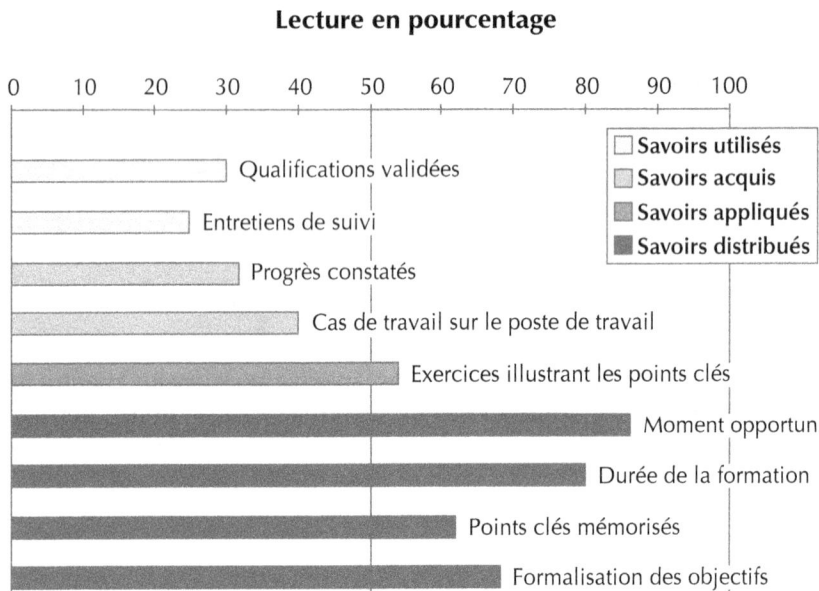

Lecture en pourcentage

| 0 | 10 | 20 | 30 | 40 | 50 | 60 | 70 | 80 | 90 | 100 |

Qualifications validées

Entretiens de suivi

Progrès constatés

Cas de travail sur le poste de travail

Exercices illustrant les points clés

Moment opportun

Durée de la formation

Points clés mémorisés

Formalisation des objectifs

- ☐ Savoirs utilisés
- ☐ Savoirs acquis
- ■ Savoirs appliqués
- ■ Savoirs distribués

La carte déploie les critères de mesure pour chaque type de savoirs exposés dans la carte n° 1.

» **Les savoirs distribués** seront mesurés par :
  - La mémorisation de connaissances minimales,
  - La pertinence de l'acte pédagogique,
  - La formalisation des résultats attendus ;

» **Les savoirs appliqués** seront mesurés par le nombre d'exercices pendant la formation illustrant les points clés ;

» **Les savoirs acquis** sont mesurés par :
  - Les cas de travail soumis aux stagiaires de retour sur leur poste de travail,
  - Les progrès constatés ;

Les savoirs utilisés seront mesurés par :
- Les entretiens post-formation,
- Le nombre de qualifications validées.

Troisième carte :
la lecture de la durée de l'amortissement

Précisons qu'il s'agit du calcul de la durée du RI (retour sur investissement) des formations mesurées, et non de l'ensemble des formations inscrites au budget formation.

Calcul de la durée du retour sur investissement

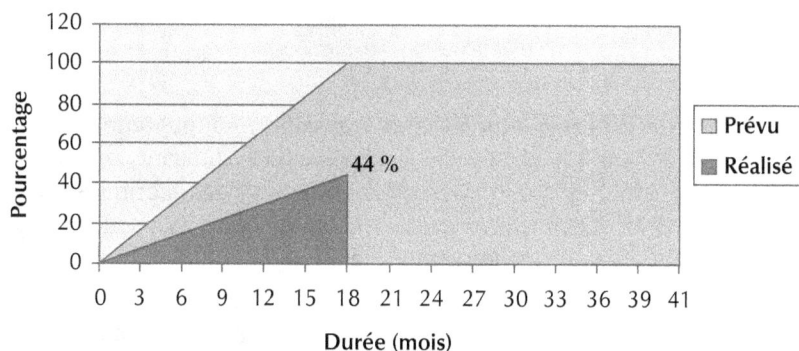

Par exemple : le temps prévu pour amortir le coût de la formation était de 18 mois ; l'efficacité de la formation atteint 44 % ; il faudra au total 41 mois pour amortir le coût de la formation.

Les critères de mesure des savoirs distribués

Le cahier des charges de la formation ou tout autre document formalisant la démarche prépare la mesure de l'action en complétant les critères d'atteinte suivants :

SAVOIRS DISTRIBUÉS		
Paramètres	Définitions	Critères d'atteinte
Expertise formateur et progression pédagogique	Connaissances effectivement transmises relatives aux objectifs annoncés	Nombre de points clés mémorisés
Durée de la formation	Durée prévue trop longue ou trop courte	Nombre de jours prévus Nombre de jours de rappel
Moment/opportunité de la formation	Besoin de formation en accord avec la résolution de problèmes	Nombre de retards sur les dates programmées

▪ **L'expertise du formateur et la progression pédagogique.** Le formateur détient un niveau de connaissances suffisant (expertise) pour transmettre (méthodes pédagogiques) des connaissances utiles et pour faciliter la compréhension et la mémorisation (progression pédagogique) des points clés.

La mesure de l'efficacité porte sur le nombre de ces points clés mémorisés par les stagiaires (voir les paragraphes consacrés à l'interview p. 38). Les réponses sont claires et sans ambiguïté si les questions cadrent bien avec la trame de la formation et si l'interview a lieu dans les trois mois suivant le stage ;

▪ **La durée de la formation.** La durée de la formation fait l'objet de nombreuses remarques. L'examen de cette durée demeure une opération sérieuse, car une formation dense, comprimée en un jour au lieu de trois diminue bien évidemment la possibilité de mémorisation. Inversement, la formation qui se dilue dans une durée trop longue – comme 4 jours de formation au lieu de 2, par exemple – pèse lourd dans le budget, sans pour autant augmenter la compréhension et la mémorisation des connaissances indispensables ;

▸ **Le moment de l'acte pédagogique.** Rendre opportun le moment où la formation est diffusée reste un gage d'efficacité, notamment pour les formations techniques. Une formation s'avère pertinente lors de la mise en place, par exemple, de nouvelles machines, robots, ou logiciels. La formation réalisée 6 mois ou un an après n'a plus beaucoup d'impact et n'entre plus dans les conditions requises pour travailler l'efficacité. L'absence de formation est souvent relayée par une séance « débrouille sur le tas » occasionnant dans le temps des perversités de système.

La transférabilité sur le poste de travail, critère de mesure des savoirs appliqués

Rappelons que la notion d'essai, de tâtonnement et de droit à l'erreur prend ici tout son sens.

Avant de passer à l'action en grandeur réelle, le stagiaire prend conscience de la dimension d'utilité des savoirs nouvellement acquis. Le transfert du « savoir au faire » se réalise :

▸ Lors des simulations en salle pendant la formation ;

▸ Lors des simulations hors formation sur le poste de travail accompagnées par des tuteurs.

La mesure de l'action se prépare en complétant les critères d'atteinte suivants :

SAVOIRS APPLIQUÉS		
Paramètres	Définitions	Critères d'atteinte
Transférabilité en salle de formation		
Transférabilité	Transposition entre le concept et la problématique à traiter	Nombre de simulations illustrant les savoirs théoriques
Transférabilité en situation professionnelle		
Transférabilité	Transposition entre le concept et la problématique à traiter	Nombre de mises en situations sur le poste de travail

Les critères des savoirs acquis

La mesure des savoirs mis en œuvre sur le poste de travail intègre les critères suivants :

SAVOIRS ACQUIS		
Paramètres de l'objectif opérationnel	Définitions	Critères d'atteinte
Suivi post-formation	Mise en situation professionnelle reconnue par la hiérarchie	Nombre d'entretiens post-formation, hiérarchiques
		Nombre d'opérations nouvelles menées par le stagiaire

Le suivi post-formation, critère des savoirs utilisés

Le suivi post-formation est régulé par des entretiens hiérarchiques ou des accompagnements sur le terrain.

Si le stagiaire s'est bien approprié les nouveaux savoirs lors de la phase de transfert, les risques d'échec sont minimisés, mais il est vrai que la compétence n'est pas encore au rendez-vous. Le geste professionnel existe mais n'est pas encore aisé, le comportement professionnel s'affranchit de ses hésitations mais l'autonomie n'est pas totalement conquise.

Même si, à ce niveau de la formation, l'effort ne se révèle pas encore rentable, il crée une valeur d'opérationnalité tout à fait mesurable (si et seulement si les étapes précédentes ont été mesurées).

SAVOIRS UTILISÉS		
Paramètres de l'objectif de performance	Définitions	Critères d'atteinte
Progrès observés	Capacité à résoudre les problèmes inhérents au métier	Qualifications validées

Pour récapituler les critères de mesure de l'efficacité d'une formation

Grille récapitulative des critères de mesure de l'efficacité d'une formation

Objectifs pédagogiques	Objectifs de transfert	Objectifs opérationnels	Objectifs de performance
Savoirs distribués	Savoirs appliqués	Savoirs acquis	Savoirs utilisés
Critères d'atteinte			
Avant l'interface : • Formulation des objectifs en termes de résultats Pendant l'interface : • Nombre de points clés mémorisés • Durée de la formation • Moment de la formation	• Nombre de cas de travail ou simulations intégrant les savoirs théoriques • Nombre de cas de travail présentés au stagiaire dès son retour sur le poste de travail	Nombre d'opérations *nouvelles* menées par le stagiaire	Nombre de qualifications validées
Personnes interviewées			
Formateurs Stagiaires Responsable formation	Formateurs Tuteurs Managers Stagiaires	Managers Tuteurs Stagiaires	Hiérarchie
Responsables			
Managers Tuteurs Responsable formation	Formateurs Tuteurs Managers	Hiérarchie Tuteurs	Hiérarchie

Des exercices de lecture de cartes

La mesure des niveaux d'efficacité des savoirs avec la carte n° 1

Quelles particularités cette mesure de l'efficacité met-elle en évidence ?

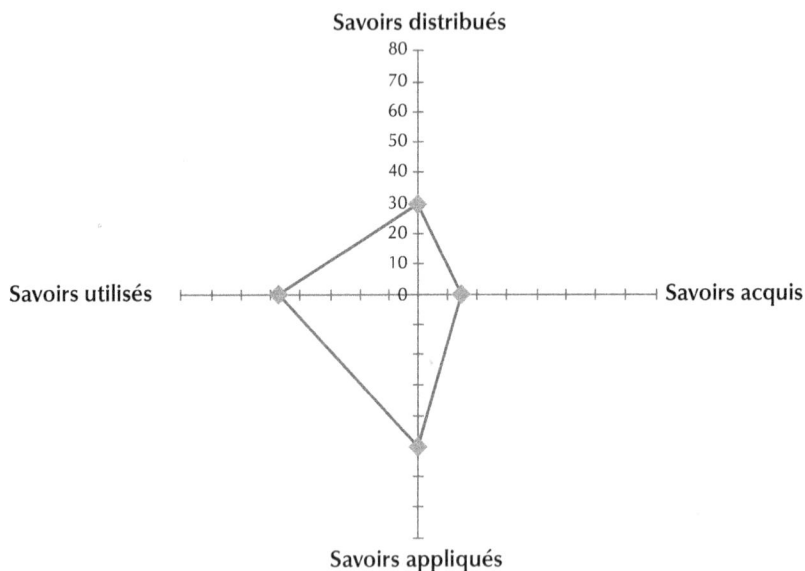

Niveau 1	Savoirs distribués	30,0 %
Niveau 2	Savoirs acquis	15,0 %
Niveau 3	Savoirs appliqués	50,0 %
Niveau 4	Savoirs utilisés	45,9 %

Les savoirs distribués par le formateur atteignent 30 % des objectifs pédagogiques annoncés. Le résultat est faible et indique soit :

▸ Des objectifs non définis ;

▸ Une dérive dans le contenu ;

▸ Une non-adaptation au niveau du groupe.

Les savoirs issus de l'acte pédagogique se caractérisent par un manque d'efficacité évident. Cependant, une particularité soulève quelques interrogations. Une rupture entre les connaissances et leur utilisation en situation s'affiche nettement : les stagiaires utilisent plus de connaissances qu'ils n'en ont acquises pendant la formation. Que peut-on en déduire ?

▶ Les stagiaires disposaient d'un savoir personnel recoupant le programme du stage ;

▶ Le contenu de la formation n'était pas conforme aux besoins ;

▶ Le suivi post-formation a suppléé une formation dont le niveau d'expertise était trop faible.

La carte n° 2 renseigne sur cette situation

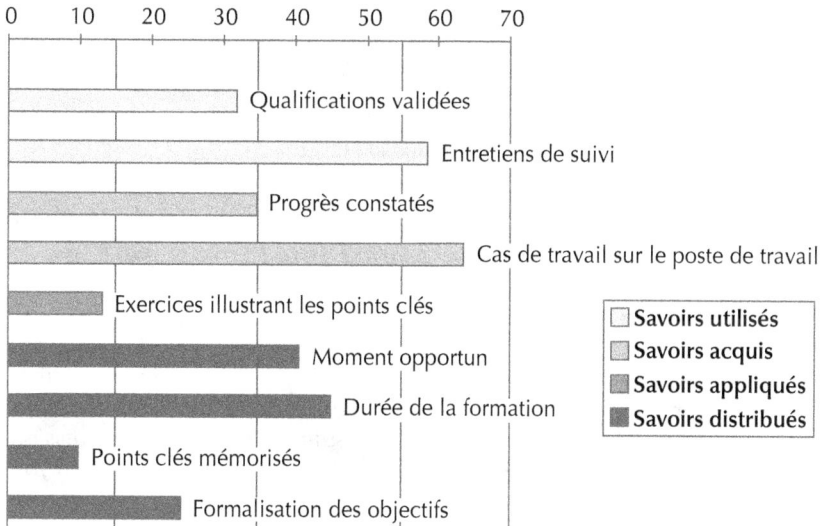

Le besoin de formation a été satisfait par un relais sur le terrain particulièrement efficace, la formation en salle n'ayant pas répondu aux niveaux d'exigence. Il faut noter que les objectifs ne sont guère définis. Le contenu n'a donc pas été ajusté au cours de la formation. Si les stagiaires détenaient les savoirs nécessaires, ils auraient déclaré la durée et le moment de la formation comme inadaptés.

La mesure de l'amortissement de la formation avec la carte n° 3

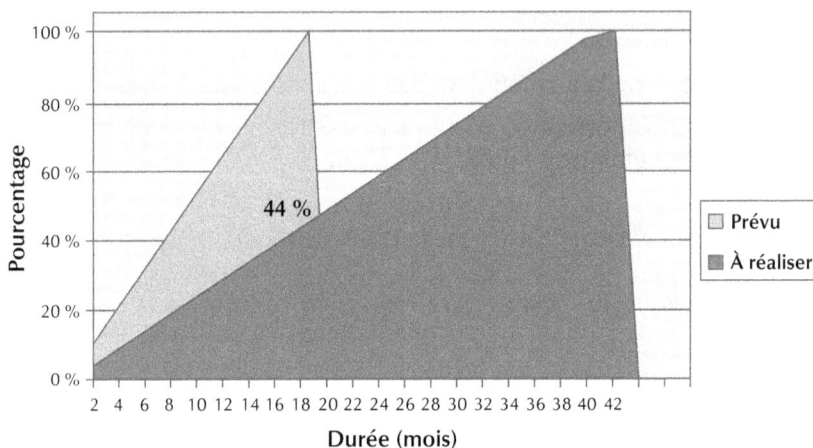

Un exemple : les managers prévoient qu'une réduction de 10 % des arrêts du portique automatisé pourrait faire gagner 4 000 € sur un an ; le coût total de la formation et de son évaluation s'élevant à 6 000 € environ, il faudrait 18 mois pour obtenir le gain attendu. Une mesure de l'efficacité réalisée 3 mois après la formation annonce une réussite de 44 % des objectifs. Le calcul de l'efficience s'obtient en convertissant les 44 % de réussite en gains, soit 1 760 € sur les 4 000 € prévus. Par conséquent, en suivant la même progression dans le temps il faudrait encore 41 mois de progrès pour que la formation soit rentable sur le poste de travail. Que conclure ? Est-ce rentable de mettre en place un suivi de cette formation pendant 41 mois ? Non, bien sûr, l'investissement serait ici plus important que sa rentabilité. Il faut cependant moduler la conclusion ; en effet, le retour sur investissement s'analyserait différemment s'il s'agissait d'une formation à dimension stratégique dont les effets influent sur le long terme (voir l'enjeu de la formation en première partie).

Mesure de l'amortissement d'une formation commande numérique

Nombre de stagiaires	PRÉVU							RÉALISÉ			
	Heures de formation		Coût total	Gains sur 12 mois		Durée RI		Mesure de l'efficacité	Date de l'enquête	Gain sur 12 mois	Durée RI
	en salle	improductives	en €		en €	en mois		en %		en €	en mois
43	10	110	6 000	diminution de 10 % des arrêts du portique	4 000	18		44	T +3 mois	1 760	41

Chapitre 6

L'ingénierie du dispositif efficacité de la formation

Le dispositif « efficacité » s'insère dans le cahier des charges de toute formation, la formalisation des objectifs et de leurs critères d'atteinte restant la condition *sine qua non* pour établir une mesure.

Les étapes du dispositif efficacité

Moments d'ingénierie	Démarche de la mesure de l'efficacité de la formation	Produits livrés
1. Recueil et analyse des besoins de formation	• Faire définir les résultats attendus en termes quantifiables • Faire définir les besoins en termes d'utilité et d'utilisation : leurs effets sur la situation de travail et sur les qualifications recherchées	Validation des objectifs

2. Conception et formalisation	• Déterminer les critères d'atteinte des différents types d'objectifs
	• Décliner les 4 types d'objectifs
	• Organiser les situations d'observation :
	  – Prévoir les référentiels pédagogiques
	  – Prévoir les cas de travail
		Cahier des charges
		Matrice d'objectifs
		Référentiels pédagogiques
		Document de suivi

3. Réalisation	• Évaluation en cours de formation • Évaluation en fin de session • Suivi post-formation	Savoirs acquis Fiche de suivi
4. Mesure de l'efficacité de la formation	• Interview des acteurs concernés • Analyse et diagnostic	Les trois cartes de l'efficacité

Un exemple commenté illustre les différentes phases. L'exemple choisi porte sur un contenu générique traitant de la relation de service lors de l'accueil téléphonique.

Cette société de services ABC repose en partie sur l'accueil client, chaque agent d'accueil gérant entre 350 à 500 appels téléphoniques par semaine et dispatche des informations relatives à des procédures internes.

L'accueil téléphonique fait l'objet de nombreuses remarques de la part des clients. Le reproche le plus courant fait état d'informations erronées et d'un manque de patience... Des contre-exemples sont présentés afin de mieux saisir la méthode préconisée.

Rappel : la démarche « former efficace » dans la stratégie formation de l'entreprise

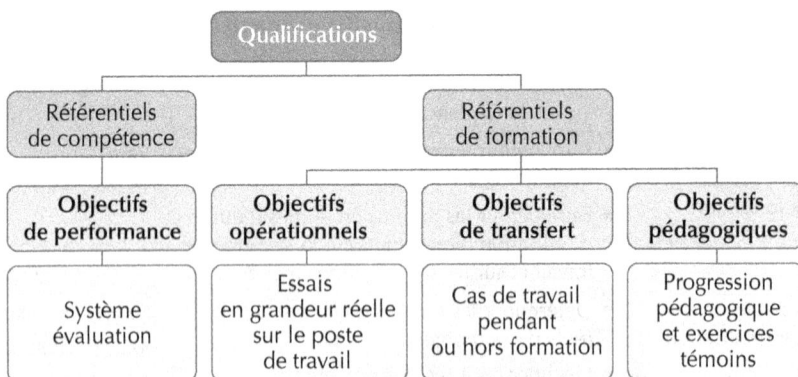

La mise en objectifs de la formation « Accueil téléphonique »

> Objectifs
> de performance

Formulation non exploitable	Observations	Formulation exploitable
Réduire la tension du personnel d'accueil soumis à un stress permanent lors de la gestion des 350 à 500 appels semaine	Ce n'est pas un objectif de performance, mais la volonté de résoudre un problème. La tension du personnel d'accueil sera réduite si leurs interlocuteurs voient les demandes satisfaites. Un objectif de performance exprime un gain, une valeur ajoutée.	**Objectif :** de janvier à juin 2006, réduire de 25 % les réclamations relatives à l'accueil téléphonique **Paramètre :** gestion du traitement des erreurs et compensations client **Critère d'atteinte :** réclamations < 75/semaine pour l'ensemble

Seuls, les objectifs de performance permettront de calculer la durée d'amortissement des actions de formation. Les 25 % de taux de réclamations seront à traduire en :

❱ Coût de gestion supplémentaire ;

❱ Coût des compensations client…

> **Objectifs
> pédagogiques**

Formulation non exploitable	Observations	Formulation exploitable
Trouver les solutions adéquates au bien-être des différents acteurs de la communication téléphonique	Là encore, l'objectif pédagogique fait défaut. Il s'agit d'un souhait qui pourrait s'apparenter à une quelconque doléance. Qu'attend-on d'une formation ? Quelles connaissances les stagiaires auront-ils à intégrer ? Le bien-être est une notion trop subjective pour être mesurable. Ce confort relationnel sera donc à traduire en comportements de service générant à leur tour la satisfaction client (au lieu d'une réclamation). L'élément porteur identifié ? Donner les informations se référant à des procédures actualisées.	Connaître les 5 phases de l'accueil téléphonique **Paramètre :** la satisfaction de la demande client **Critère d'atteinte :** une reformulation/clarification par demande Connaître les 10 procédures en cours **Paramètre :** liste unique des titres et références **Critère de mesure :** zéro termes différents

À ce stade, il n'est question que de connaissances utiles permettant par la suite un ajustement des comportements professionnels. Les objectifs pédagogiques assurent une unité de savoirs minimums, les indicateurs seront introduits dans l'interview.

Objectifs
de transfert

Rappelons que l'objectif de transfert illustre et concrétise l'objectif pédagogique. Dans le cas suivant, le fait de gérer une objection verbale inclut la maîtrise de la reformulation

Formulation non exploitable	Observations	Formulation exploitable
Aucune formulation d'objectif de transfert n'a été communiquée	Le lien entre formation en salle et suivi sur le poste de travail est inexistant. Des simulations alimentées par des cas rapportés en situation de travail sont nécessaires. L'ingénierie pédagogique « former efficace » permettra de modeler la déclinaison de cet objectif.	**Gérer une objection verbale** en appliquant la méthode des 4 points ERIC (écouter, reformuler, informer, conclure) **Paramètres :** maîtrise verbale et reformulation **Critère d'atteinte :** hauteur de voix audible à 4 mètres et pas plus ; débit verbal proche de 180 mots/minute ; une reformulation/demande **Établir la liste des informations** relatives aux 10 procédures actuelles, ainsi que les coordonnées des correspondants

> **Objectifs
> opérationnels**

Rappel : l'atteinte des objectifs opérationnels inclut la maîtrise des objectifs de transfert.

Formulation non exploitable	Observations	Formulation exploitable
Finir la journée comme les agents d'accueil l'ont commencée	Formulation maladroite ouvrant aux pires inférences ! L'expression sous-tend une absence de stress pour le personnel d'accueil Bien évidemment, cette formulation ne traduit aucun résultat tangible	Répondre à la demande téléphonique sans cumuler plus de deux conflits verbaux par semaine **Paramètres :** exactitude de l'information donnée ; politesse **Critères d'atteinte :** • Zéro coupure de conversation en raccrochant le combiné • Zéro élévation du ton de la voix • Zéro réclamation portant sur l'information

Résumons : la formation à l'accueil téléphonique de cette société de services valide les 4 types d'objectifs qui serviront de « mesure étalon » à la mesure de l'efficacité.

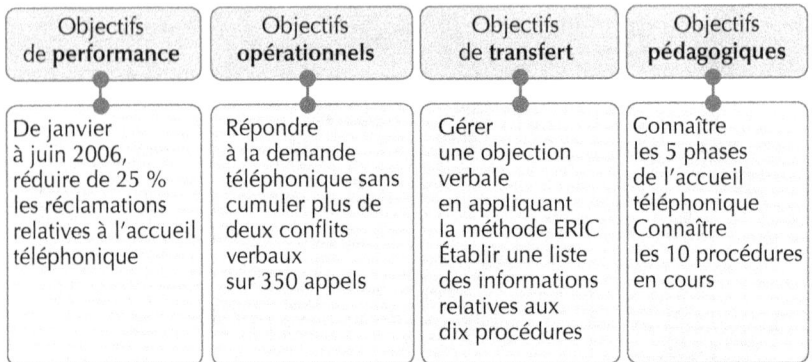

Objectifs de **performance**	Objectifs **opérationnels**	Objectifs de **transfert**	Objectifs **pédagogiques**
De janvier à juin 2006, réduire de 25 % les réclamations relatives à l'accueil téléphonique	Répondre à la demande téléphonique sans cumuler plus de deux conflits verbaux sur 350 appels	Gérer une objection verbale en appliquant la méthode ERIC Établir une liste des informations relatives aux dix procédures	Connaître les 5 phases de l'accueil téléphonique Connaître les 10 procédures en cours

Le programme de formation et la matrice d'objectifs

Le programme de formation à l'accueil téléphonique, fondé sur la notion de service au client et la fonction d'accueil, présente le contenu suivant :

» *La prise de contact* :
  - la présentation, le débit vocal ;

» *Identifier son client* :
  - la formulation positive ;
  - les erreurs de langage ;
  - la prise de notes ;

» *Satisfaire la demande de son client* :
  - clarifier le message et savoir reformuler ;
  - gérer les interlocuteurs agressifs, difficiles ;

» *Gérer la mise en attente du client* :
  - l'alternative et le rappel différé ;
  - savoir remercier ;

» *Conclure la communication téléphonique* :
  - les formulations professionnelles ;

» *L'organisation de son poste* :
  - la tenue du cahier d'appels ;
  - l'actualisation des organigrammes.

L'achat de la prestation se réalise avec les ajouts suivants :

» Faire élaborer par les stagiaires la liste de procédures en cours de la société ABC et les informations correspondantes à livrer aux clients ;

» L'élaboration du référentiel pédagogique suivant, conçu avec le formateur.

Le programme de formation façonné par le dispositif efficacité suit le canevas suivant :

A. Objectifs pédagogiques		B. Points clés
Ce qui doit être compris et appris		*Les éléments essentiels conditionnant la réussite de A*
Résultats attendus	Critères d'atteinte	
Gérer un appel en respectant les 5 phases de l'accueil téléphonique : • Entrer en contact • Identifier son client • Clarifier la demande • Satisfaire la demande • Conclure l'entretien	• Une question de service • Une reformulation par entretien • Une information utile • Une formule de politesse	Une communication sans visualisation de son interlocuteur Les 3 registres d'expression – fait, opinion, sentiment – et la reformulation/ clarification
Connaître les 10 procédures en cours	Une liste unique incluant titres et références	
S'exprimer en termes professionnels	Zéro expression tueuse de communication	Les manques occasionnés par le doute et les inférences
C. Objectifs de transferts		**D. Cas de travail**
Ce qui doit être appliqué, testé, pour faciliter la transposition des données de A sur le poste de travail		*Résolution de problèmes issus – documentation de l'entreprise*
Résultats attendus	Critère d'atteinte	
• Gérer une objection verbale en appliquant la méthode ERIC • Disposer des informations relatives aux 10 procédures	• Hauteur de voix audible à 4 mètres et pas plus • Débit verbal proche de 180 mots/minute • Une reformulation par demande • Quatre informations par procédure	Procédures fournies Cas de M. Pertoux « Les fausses références »

Le référentiel pédagogique

La matrice d'objectifs réalisée, le référentiel pédagogique n'est plus qu'une question de mise en forme que s'approprie le formateur. Le référentiel pédagogique laisse le formateur libre d'organiser sa progression pédagogique, de mettre l'accent sur un élément qui lui paraît important et d'orienter ainsi la mesure de l'efficacité de sa formation.

Pour établir son référentiel, le formateur choisit quelques objectifs pédagogiques (et non tous les objectifs inscrits au programme de formation), définit les conditions de réussite correspondantes, puis illustre ces objectifs par des exercices significatifs.

Objectifs pédagogiques	Critères de mesure	Points clés du transfert	Exercice
1. Pratiquer une écoute active en usant de la prise de notes	Mesure : zéro répétition de termes employés par l'émetteur	Reformuler = la seule preuve de compréhension du message de son interlocuteur	Les 5 filtres de l'écoute
2. Utiliser la méthode ERIC (écouter, reformuler, informer, conclure)	1 reformulation 1 information utile 1 question neutre fermée	La reformulation permet de reprendre la parole à un interlocuteur sans s'opposer	Une situation de conflit pour évaluer l'impact d'une reformulation
3. Rendre son message audible en maîtrisant le débit des mots/ minute et le volume sonore de sa voix	180 à 190 mots/ minutes Audible à environ 4 mètres	Articuler la diction	Lecture à haute voix enregistrée

La formalisation du suivi post-formation

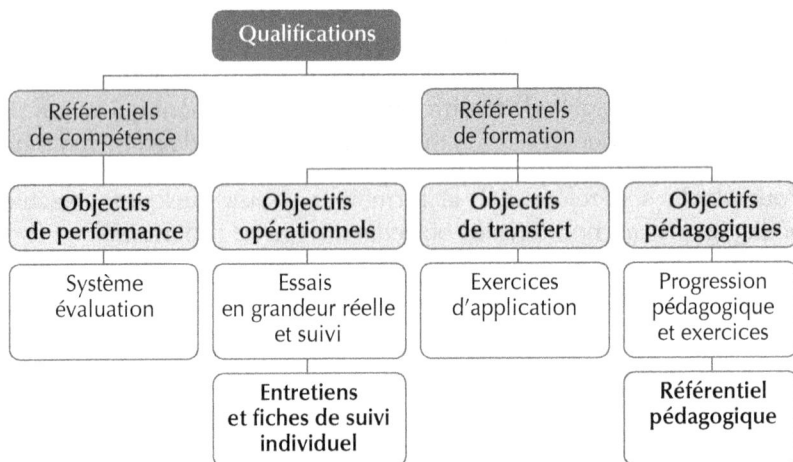

```
                        ┌──────────────────┐
                        │  Qualifications  │
                        └──────────────────┘
            ┌────────────────────┴────────────────────┐
   ┌──────────────────┐                       ┌──────────────────┐
   │   Référentiels   │                       │   Référentiels   │
   │  de compétence   │                       │   de formation   │
   └──────────────────┘                       └──────────────────┘
      ┌──────────┴──────────┐           ┌──────────┴──────────┐
┌───────────┐        ┌───────────┐  ┌───────────┐      ┌───────────┐
│ Objectifs │        │ Objectifs │  │ Objectifs │      │ Objectifs │
│de perfor- │        │opération- │  │de transfert│     │pédagogiques│
│  mance    │        │   nels    │  │           │      │           │
└───────────┘        └───────────┘  └───────────┘      └───────────┘
┌───────────┐  ┌──────────────────┐┌───────────┐  ┌──────────────┐
│  Système  │  │      Essais      ││ Exercices │  │ Progression  │
│évaluation │  │ en grandeur réelle││d'application│ │ pédagogique  │
│           │  │     et suivi     ││           │  │ et exercices │
└───────────┘  └──────────────────┘└───────────┘  └──────────────┘
               ┌──────────────────┐               ┌──────────────┐
               │    Entretiens    │               │ Référentiel  │
               │ et fiches de suivi│              │ pédagogique  │
               │    individuel    │               │              │
               └──────────────────┘               └──────────────┘
```

Le dispositif efficacité de la formation reposant sur les savoirs acquis, le suivi post-formation sera donc particulièrement soigné. Tuteurs et hiérarchie valident des savoirs formalisés par des fiches de suivi qui :

▶ Connectées aux objectifs opérationnels,

▶ Validées par un hiérarchique autre que le tuteur,

▶ « Bordurées » par un calendrier…

… constituent un excellent outil de mesure de la formation.

Les fiches de suivi

La fiche de suivi est un document qui détaille les opérations nécessitant un progrès ainsi que le calendrier de tutorat ou d'accompagnement correspondant. Les étapes vers une autonomie sont référencées par :

▶ **Niveau A :** l'apprenant a regardé la démonstration du tuteur, mais il ne sait pas faire ;

▶ **Niveau B :** l'apprenant sait faire en étant aidé par le tuteur ;

» **Niveau C** : l'apprenant sait faire seul ;

» **Niveau D** : l'apprenant sait faire seul tout en expliquant ce qu'il est en train de faire.

Exemple d'une fiche de suivi : « Formation accueil téléphonique »

Objectif opérationnel : répondre à la demande téléphonique sans cumuler plus de deux conflits verbaux sur 350 appels

Mise en situation n° 3

ACTIONS	CRITÈRE D'ATTEINTE	NIVEAU	DATE DE RÉALISATION
Décliner une question de service	« En quoi puis-je vous être utile ? »	C	...
Clarifier la demande du client	Reformulation	A	...
Présenter une information exacte	Données contenues dans la liste des 10 procédures	C	...

Ne pas confondre modes opératoires et fiches de suivi des objectifs opérationnels

Les modes opératoires décrivent la chronologie des opérations nécessaires à la tenue d'un poste de travail, alors que les fiches de suivi déterminent le niveau d'apprentissage de certaines de ces opérations, et seulement certaines. Elles alimentent la déclinaison des objectifs opérationnels.

Le suivi post-formation facilite l'identification des savoirs tacites et configure l'une des grandes étapes de la capitalisation des savoirs. Le mode opératoire liste une cinquantaine d'opérations alors qu'une formation ne s'avère nécessaire que sur *n* opérations.

L'élaboration de l'interview

L'un des outils adaptés à la mesure de l'efficacité d'une formation reste l'enquête terrain. Elle se conjugue au suivi post-formation en élargissant l'audit à l'ensemble des acteurs : stagiaires, formateurs, managers, service formation.

Certes, des contrôles sur les contenus de formation peuvent être appliqués en fin de session, mais cette pratique se perçoit comme un retour à la scolarité, identifié comme régressif par des adultes. L'efficacité de la formation cible davantage la connaissance utilisable, plutôt qu'une connaissance livresque.

Rappel : ce questionnaire croise les quatre niveaux d'efficacité d'une formation et la progression pédagogique organisée selon la taxinomie de Bloom.

L'ossature du questionnaire de la formation à l'accueil téléphonique se présente de la façon suivante :

Progression des savoirs *Taxinomie de Bloom*	Questions interviews accueil téléphonique
Niveau 1 : savoir théorique	
Niveau de la connaissance : terminologie, conventions, principes, classifications	Comment définir la reformulation ? Quelle est la particularité de la communication par téléphone ?
Niveau de la compréhension : extrapolation, analyse, analogie, synthèse	Que veut dire ERIC (écoute, reformulation, information, conclusion) ?
Niveau de la résolution de problème : opérations de transposition	Quelle question de service posez-vous ?

.../...

.../...

Niveau 2 : savoir faire	
Imitation	Quelle est la question de service à poser systématiquement ?
Coordination	Quelle est la phase de l'entretien que vous réussissez le mieux ? Par exemple...
Automatisme	Si je vous dis... vous reformulez : ...

L'enquête terrain relaie les évaluations à froid qui s'avèrent difficilement exploitables. Ce type d'intervention lève de nombreux freins, notamment ceux rencontrés lors du « remplissage du questionnaire », vécu comme une contrainte ou une perte de temps.

Cette mission sera le plus souvent confiée à un prestataire extérieur pour les raisons suivantes :

Les freins à une évaluation menée en interne	Les atouts de l'évaluation menée par un auditeur externe
Faible retour des questionnaires à froid	Enquête auprès des acteurs concernés
Réponses banalisées à ces questionnaires	Face-à-face permettant des réponses plus personnelles
Manque de disponibilité de la hiérarchie	Pouvoir lié au statut externe...
Le service formation ne peut être juge et partie	La neutralité est reconnue et facilite les interviews

Les phases de l'interview

L'information

▪ Présentation du dispositif « mesurer l'efficacité de la formation » aux managers et aux différents acteurs concernés ;

▪ Restitution des résultats et informations sur les actions correctives entreprises.

Le recueil des données
- Liste des actions de formations cibles avec leurs intitulés ;
- Liste et nombre de stagiaires *ou* feuilles d'émargement ;
- Nombre de groupes ;
- Liste des prestataires par actions de formation ;
- Liste des hiérarchiques concernés ;
- Cahiers des charges de la formation ;
- Programmes des formations et leur durée ;
- Matrice d'objectifs ;
- Référentiel pédagogique ;
- États des suivis post-formation.

L'enquête terrain
- Détermination du panel stagiaires ;
- Calendrier des rendez-vous avec les formateurs, stagiaires et managers ;
- Interviews terrain des acteurs concernés.

L'analyse et le diagnostic
- Rapport ;
- Restitution des résultats par diagrammes.

La conception de la grille d'interview

Le questionnaire est divisé en quatre catégories de questions qui concordent avec les quatre niveaux de l'efficacité de la formation :

Savoirs distribués	Socle de connaissances
Savoirs appliqués	Transfert en salle
	Transfert sur le terrain
Savoirs acquis	Mise en situation professionnelle
Savoirs utilisés	Connaissances utilisées

Les axes du graphique représentent la moyenne des réponses aux questions de la catégorie, calculée en affectant les valeurs suivantes :

Réponse A	Pas du tout d'accord ou NON	0
Réponse B	Pas trop d'accord ou à revoir	1/3 ou 33 %
Réponse C	Plutôt d'accord	2/3 ou 67 %
Réponse D	Tout à fait d'accord ou OUI	100 %

Les réponses aux questions ouvertes (apportant plusieurs réponses possibles) sont pré-listées et seront codifiées par les quatre types de réponses – A, B, C, D – présentées ci-dessus :

▶ **Les savoirs distribués** : connaissances acquises pendant l'interface pédagogique ;

▶ **Les savoirs appliqués** : mises en pratique pendant la formation ou sur le poste de travail ;

▶ **Les savoirs acquis** : les cas de travail utilisant les savoirs appropriés, puis validés ;

▶ **Les savoirs utilisés** : les savoirs acquis ne nécessitant plus d'accompagnement (autonomie).

La pondération de ces critères est accessoire et constitue une option choisie par chaque entreprise.

Gestion accueil téléphonique

Nombre de stagiaires inscrits	43
Nombre de stagiaires interviewés	14
Nombre de groupes de stagiaires	3
Nombre de hiérarchiques concernés	2
Nombre de hiérarchiques interviewés	2

	Non (1)	Revoir (2)	Moyen (3)	Oui (4)
Savoirs distribués				
Les objectifs pédagogiques ont été annoncés	0	4	3	7
La durée de la formation était adaptée	6	8	0	0
Comment définissez-vous le terme de reformulation ?	0	2	6	6
Quelle est la particularité de la communication par téléphone ?	0	0	5	9
Que veut dire E.R.I.C. ?	1	1	4	8
Total	7	15	18	30
Objectifs pédagogiques atteints à 78,6 %				
Savoirs appliqués				
Lors de l'entretien téléphonique, quelle question de service posez-vous ?	0	2	8	4
Connaissez-vous votre débit verbal ?	0	3	6	5
Quelles sont les quatre dernières procédures actualisées ?	2	5	5	2
Quels exercices vous ont permis de comprendre les exposés du formateur ?	1	2	5	6

…/…

…/…

	A	B	C	D
Est-ce que les simulations reproduisaient vos problématiques ?	0	3	4	7
De retour sur son poste de travail, le stagiaire a eu un entretien avec son hiérarchique pour définir les modalités d'application de sa formation	3	7	4	0
Un calendrier de suivi de formation a été mis en place	1	2	8	3
De retour sur votre poste de travail, combien de situations ont-elles été tutorées ?	3	3	5	3
Total	10	27	45	30
Objectifs de transferts atteints à		61,6 %		
Savoirs acquis				
Quels sont les progrès qui ont été reconnus par vous-même : deux exemples ?	0	3	7	4
Quels sont les progrès qui ont été reconnus par votre hiérarchie ou tuteur : deux exemples ?	0	1	8	5
Si vous dis « … », quelle serait votre reformulation ?	3	2	5	4
Total	3	6	20	13
Objectifs opérationnels atteints à		67,5 %		
Savoirs utilisés sur le poste de travail				
Combien de nouvelles pratiques issues de la formation ont-elles été enseignées ?	0	3	5	6
Combien de qualifications ont-elles été validées suite à cette formation ?	7	1	6	0
Total	7	4	11	6
Objectifs de performance atteints à		52,3 %		

Le détail de la moyenne intègre les valeurs des réponses A, B, C, D.

Reprenons l'exemple ci-dessus : l'atteinte des objectifs se calcule ainsi :

$$78,6\ \% = (7 \times 0) = (15 \times 33\ \%) + (18 \times 66\ \%) + (30 \times 1) / (7 + 15 + 18 + 30)$$

Les données recueillies lors de cette interview sont visualisées par la carte de niveaux de l'efficacité des savoirs. Ce graphique commenté fait office d'un retour d'informations apprécié par les différents acteurs.

Efficacité de la formation accueil téléphonique

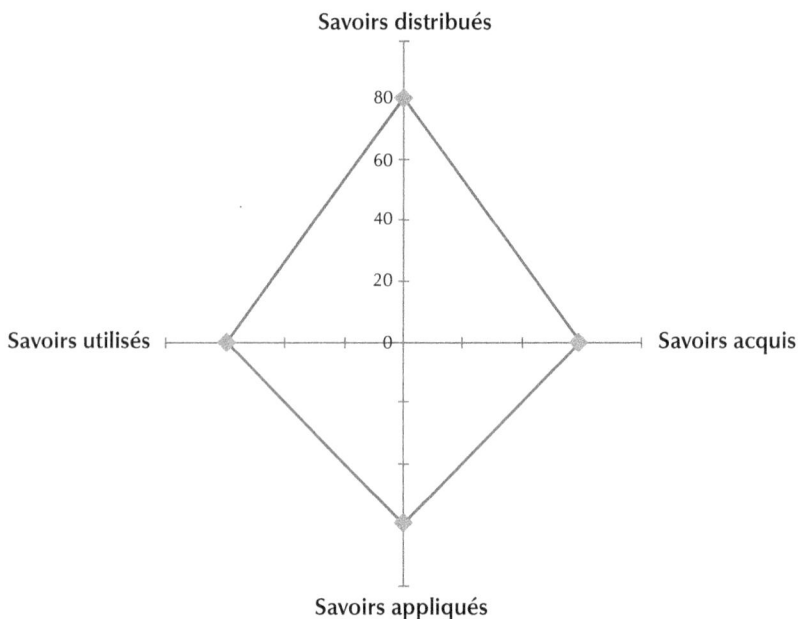

La grille ci-contre établit la correspondance entre la progression pédagogique et les niveaux de l'efficacité. Elle constitue une aide précieuse pour établir les grilles d'interview.

La correspondance entre la grille d'interview et les critères de mesure

Paramètres Efficacité de la formation	Définitions	Niveau d'efficacité	Taxinomie de Bloom
Durée de la formation	Durée prévue trop longue ou trop courte	Niveau 1 : conformité de l'action	
Moment/ opportunité formation	Besoin de formation en accord avec la résolution de problèmes	Niveau 1 : conformité de l'action	
Terminologie de résultats	Langage factuel	Niveau 1 : conformité de l'action	
Expertise formateur	Connaissances effectivement transmises relatives aux objectifs annoncés	Niveau 1 : connaissances minimales	Savoir théorique Terminologie, conventions, principes, classifications
Progression pédagogique	Organisation des savoirs cadencée par des avancées du groupe	Niveau 2 : transférabilité pendant le stage	Savoir théorique Compréhension Extrapolation, analyse, synthèse Transposition Résolution de problèmes
Suivi post-formation	Mise en situation professionnelle validée par la hiérarchie Accompagnement ou tutorat	Niveau 3 : transférabilité post-formation	Savoir-faire Opérations de transposition Imitation
	Autonomie	Niveau 3 : opérationnalité	Savoir-faire Coordination
Qualifications validées		Niveau 4 : efficacité	Savoir-faire Automatisme

Le panel stagiaires

Un panel de 30 % est retenu pour l'interview, le mode de sélection retenu est le mode aléatoire. La sélection des 30 % se fait en « piochant » dans chacun des groupes ayant suivi la même formation présentant le même intitulé Ainsi, une formation de 100 stagiaires répartis en 10 groupes donne un échantillon de 30 stagiaires.

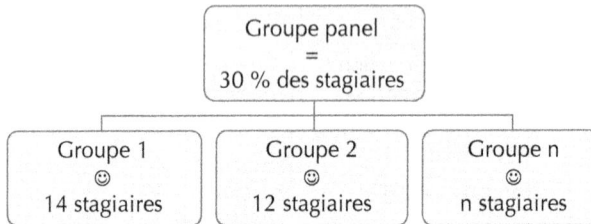

```
            ┌─────────────────────┐
            │    Groupe panel     │
            │         =           │
            │  30 % des stagiaires│
            └─────────────────────┘
     ┌──────────────┼──────────────┐
┌──────────┐   ┌──────────┐   ┌──────────┐
│ Groupe 1 │   │ Groupe 2 │   │ Groupe n │
│    ☺     │   │    ☺     │   │    ☺     │
│14 stagiaires│ │12 stagiaires│ │n stagiaires│
└──────────┘   └──────────┘   └──────────┘
```

La durée de l'interview

L'interview se pratique sur le poste de travail et se limite à 20 minutes par acteur.

La formulation de l'interview et les registres d'expression

L'enquête a pour enjeu de mener un constat, cette notion de constat faisant appel à un registre d'expression factuel, c'est-à-dire basé sur des faits ou des situations vérifiables. L'interviewer incitera donc son interlocuteur à illustrer ses propos par des exemples ou des expériences qui confortent les éléments de mesure. Les opinions personnelles seront certes écoutées et respectées, mais ne pourront en aucun cas alimenter le diagnostic.

Exercice :
évaluez rapidement votre écoute[1]

	Plutôt Oui	Plutôt Non
Au cours de mes entretiens en tête-à-tête, je parle généralement plus que mes partenaires		
J'estime que l'objet principal d'une conversation est d'exposer ses opinions		
Pendant les conversations professionnelles, j'écoute souvent d'une oreille en pensant à autre chose		
Lorsqu'un entretien avec un collègue se prolonge trop, il m'apparaît vite sans intérêt		
Lorsque j'estime avoir compris ce que mon interlocuteur veut dire, je l'interromps même s'il n'a pas fini		
Quand je suis en désaccord avec un collègue, j'ai tendance à penser aux arguments que je peux lui opposer		
En mon for intérieur, je critique souvent spontanément la manière de s'exprimer de ceux qui parlent		
Lorsque j'assiste à un exposé, je reste obnubilé par les points que je ne comprends pas, au point d'en perdre le fil		
Les gens ont tendance à me faire des confidences		
Prendre des notes m'aide à concentrer mon attention		

---

1. Corrigé p. 140.

Exercice :
différenciez les registres fait, opinion et sentiment[1]

	Fait	Opinion	Sentiment
J'aime bien le matin quand le soleil se lève			
Pierre est fatigué depuis quelques semaines			
Le thermomètre indique 13° depuis 2 jours			
Le chiffre d'affaire baisse et personne ne s'inquiète			
C'est beau la vie			
Les lunettes sont de plus en plus sophistiquées			
Ce clavier de téléphone comporte dix touches grises et une blanche			
J'ai payé ma cafetière deux fois plus cher que la tienne, j'ai bien envie de me la faire rembourser			
Le médecin lui a prescrit des médicaments mais il ne les prend pas			
La route la plus courte passe par la ville			

1. Corrigé p. 141.

Exercice :
entraînez-vous à organiser la trame d'une interview[1]

Voici la liste de 18 questions relatives à une interview sur la conduite de réunion. Ajustez 8 de ces questions à la progression des savoirs selon la taxinomie de Bloom. Listez vos choix dans le tableau suivant :

Progression des savoirs (taxinomie de Bloom)	Questionnaire interviews
	1.
	2.
	3.
	...

Questions sur la formation à la conduite de réunion :

1. Les objectifs pédagogiques ont-ils été annoncés ?

2. Le terme de facilitation a-t-il été défini lors de la formation ?

3. Quelle différence y a-t-il entre objectif et ordre du jour ?

4. Quel type de questionnement facilite la participation à une réunion ?

5. Comment régule-t-on les interventions des participants ?

6. La durée de la formation était-elle trop longue, trop courte, adaptée ?

7. Est-ce que le moment de la formation correspond au besoin ?

8. La vérification de la formalisation des différents objectifs a-t-elle été faite ?

9. Est-ce qu'une transposition des connaissances à votre situation de travail a été entreprise lors de votre formation ?

---

1. Corrigé p. 142.

10   Est-ce que des exercices vous ont permis de comprendre les exposés du formateur ?

11   De retour sur son poste de travail, le stagiaire a-t-il eu un entretien avec son hiérarchique pour définir les modalités d'application de sa formation ?

12   Quels sont les points les plus difficiles à enchaîner lors d'une conduite de réunion ?

13   Est-ce qu'une co-animation de réunion a été organisée ?

14   Pouvez-vous donner un exemple d'une application réussie ?

15   Un calendrier de suivi de formation a-t-il été mis en place ?

16   Combien de réunions ont-elles été programmées depuis la fin de la formation ?

17   Combien de nouvelles pratiques ont-elles été enregistrées ou validées ?

18   Quels sont les points qui aujourd'hui ne nécessitent plus de contrôle ?

Rappel de la taxinomie de Bloom :

Savoir théorique :

» Niveau de la connaissance : terminologie, conventions, principes, classifications ;

» Niveau de la compréhension : extrapolation, analyse, analogie synthèse ;

» Niveau de la résolution de problème : opérations de transposition.

Savoir-faire :

» Niveau de l'imitation ;

» Niveau de la coordination ;

» Niveau de l'automatisme.

Mémo : le cahier des charges du hiérarchique

Besoin de formation		
Situation professionnelle nécessitant un progrès	Dates de formation souhaitées	Résultats attendus en termes quantifiables ou observables sur le poste de travail ....
Mode opératoire correspondant .... Ou tâches de la description de poste correspondantes	Cas de travail prévu .... Calendrier de validation : Suivi n° 1 .... Suivi n° 2 .... Suivi n° 3	Critères d'atteinte des objectifs (à quoi saurez-vous que les objectifs sont atteints ?) ....

Analyse et diagnostic

Le diagnostic s'appuie sur les interviews et contient les données des trois cartes du dispositif efficacité de la formation. Les causes de réussite ou de difficultés sont répertoriées selon les 5 M explicités dans le tableau suivant.

	Définitions liées à la production	Définitions étendues à la formation
Main-d'uvre	Ressources en personnel, qualifications, expertises…	Acteurs liés à la réalisation de la formation
Matière	Aliments de l'outil de production (les matières premières), stocks	Savoirs enseignés, les supports de formation
Milieu	Locaux, ambiance, environnement, culture, marché, législation	Environnement, salle de formation, ambiance…
Méthodes	Procédés et manuels, procédures	Calendriers, méthodes pédagogiques
Matériel	Machines, outils, équipements	Meubles, tableaux, tables. Outil de transfert de savoir : exercices, cas de travail, ou bancs d'essais, maquettes…

Pour plus de commodité nous le présentons sous la forme suivante :

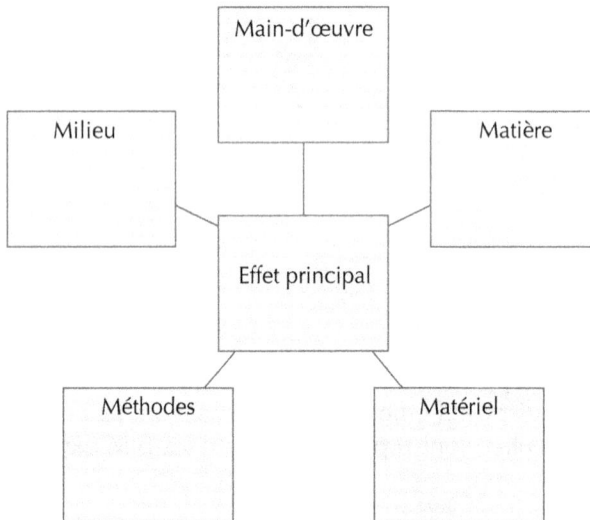

Les dysfonctionnements les plus courants sont :

▶ Des exercices sans rapport avec la problématique de l'entreprise ;

▶ L'intervention de différents formateurs avec différents niveaux d'expertise ;

▶ Une progression des savoirs non adaptée aux groupes de stagiaires ;

▶ Un niveau hétérogène des connaissances ou des statuts des stagiaires ;

▶ Une durée du stage trop longue ou trop courte ;

▶ Des contenus de stages non explicites et non présentés ;

▶ Une absence de suivi pendant et après le stage ;

▶ Une non-implication de la hiérarchie ;

▶ Du matériel pédagogique non disponible ou endommagé.

Répartition des causes de dysfonctionnements selon les 5 M

Des exercices sans rapport avec la problématique de l'entreprise	Matière
L'intervention de différents formateurs avec différents niveaux d'expertise	Main-d'œuvre
Une progression des savoirs non adaptée aux groupes de stagiaires	Méthode
Un niveau hétérogène des connaissances ou des statuts des stagiaires	Main-d'œuvre
Une durée du stage trop longue ou trop courte	Milieu
Des contenus de stages non explicites et non présentés	Matière
Une absence de suivi pendant et après le stage	Méthode
Une non-implication de la hiérarchie	Main-d'œuvre
Du matériel pédagogique non disponible ou endommagé	Matériel

Les dysfonctionnements identifiés puis chiffrés ciblent les actions correctives, élargissent le champ décisionnel du responsable formation et transforment la gestion de la formation en management de la formation.

Chapitre 7

Le coût de la formation
et de son efficacité

Le dispositif « former efficace » se chiffre en tenant compte de sa conception, de sa réalisation et de son suivi. Le tableau suivant présente les phases et les principaux coûts directs et indirects liés à la mesure de l'efficacité de la formation.

Le coût de l'efficacité de la formation

	Conception	Information	Réalisation	Suivi	Gestion
Coût de personnel					
Stagiaires				▓	
Formateurs	▓				
Personnel administratif				▓	
Tuteurs et autres			▓	▓	
Coût pédagogique					
Conseil	▓		▓		
Déplacements					
Hébergement…					
Matériel pédagogique					
Consommables					
Locaux, entretien courant			▓	▓	
Simulateurs, maquettes…	▓		▓	▓	
Coût d'investissement					
Équipement					
Mobilier					
Logiciels…					

Coût maintenu

Coût supplémentaire

L'évaluation du coût de la prestation efficacité se ventile de la façon suivante :

- Les frais de l'intervention dite de conseil ;
- Les frais de suivi post-formation, soit :
  - Le salaire du tuteur ou de l'accompagnateur,
  - Le coût des heures improductives du stagiaire sur son poste de travail.

La mesure de l'efficacité de la formation aura pour indicateurs :
- Le nombre de qualifications validées[1] ;
- Le nombre de nouvelles opérations menées sur le poste de travail ;
- Le nombre d'augmentations de polyvalences.

Les dysfonctionnements traduits en coût de formation laissent souvent perplexes :

Dysfonctionnements	Évaluation du coût	À convertir en
Exercices sans rapport avec la problématique de l'entreprise	Est-ce une demi-journée, une journée de formation ou plus sans résultat ?	
Intervention de différents formateurs avec différents niveaux d'expertise		
Progression des savoirs non adaptée aux groupes de stagiaires		
Niveau hétérogène des connaissances ou des statuts des stagiaires		• Coût heure / formation stagiaire
Durée du stage trop longue ou trop courte		• Coût heure / formation formateur hiérarchie
Contenus de stages non explicites et non présentés	Inscriptions inutiles = heures improductives	• Coût heure / formation hiérarchique
Absence de suivi pendant et après le stage	Combien vaut le manque de savoirs en termes d'activités ratées ou réussies sur le poste de travail ?	
Non-implication de la hiérarchie		
Matériel pédagogique non disponible ou endommagé		

---

1. Les qualifications validées sont à différencier des qualifications reconnues, la reconnaissance occasionnant une modification de la rémunération.

Calcul de la durée d'amortissement pour la formation accueil téléphonique.

Rappel de l'objectif de performance : de janvier à juin 2006, réduire de 25 % les réclamations relatives à l'accueil téléphonique.

Que représentent 25 % en euros :

- *Le nombre d'heures de gestion administratives ;*
- *Le nombre de compensations, réparations distribuées gratuitement.*

Les heures de formation improductives comprennent les heures du suivi formation sur le poste de travail, qui ne sont pas productives : le salarié coûte du temps à l'entreprise sans pour autant assumer sa tache.

Les heures improductives regroupent également le coût de l'efficacité de la formation détaillé dans le premier tableau de ce chapitre (p. 116).

Calcul de la durée d'amortissement de la formation accueil téléphonique

| Nombre de stagiaires | Heures de formation | | PRÉVU | | | | RÉALISÉ | | | |
	en salle	improductives	Coût total en €	Gains sur 12 mois	en €	Durée RI en mois	Mesure de l'efficacité en %	Date de l'enquête	Gain sur 12 mois en €	Durée RI en mois
43	14	230	7 500	diminution de 25 % du taux de réclamations	12 000	8	64	T +4 mois	7 689	12

Mémo

Le dispositif efficacité de la formation confère aux acteurs de la formation un tableau de bord, véritable baromètre de la formation.

Les points marquants de la dynamique efficacité se résument ainsi :

Ce que l'entreprise veut contrôler	Ce que le dispositif efficacité de la formation mesure
Le niveau des connaissances délivrées par les formations	Les connaissances minimales mémorisées par les stagiaires
Calcul de l'efficacité pédagogique : Nombre d'objectifs pédagogiques/Coût de la formation	
La progression des savoirs exploitables pour de futures compétences	Les savoirs effectivement acquis sur le poste de travail
Calcul de l'efficacité opérationnelle : Nombre d'objectifs opérationnels/Coût de la formation	
La rentabilité de formations à risques	La durée d'amortissement des actions de formations cibles

PARTIE 3

DEUX CAS PRATIQUES COMMENTÉS

Cette troisième partie est consacrée à l'étude de cas réels.

Chapitre 8

Formation/initiation au tableur Excel

Cette formation au tableur Excel ne présente aucun objectif opérationnel. Seuls les objectifs pédagogiques inclus dans le logiciel de formation assistée par ordinateur (FAO) seront mesurables.

Action d'initiation au logiciel Excel, la formation se déroule par séquence de 2 heures en centre de ressources.

Le public, essentiellement composé d'agents de production, découvrira des applications basiques.

La carte des niveaux d'efficacité

Efficacité de la formation initiation tableur

Savoirs distribués

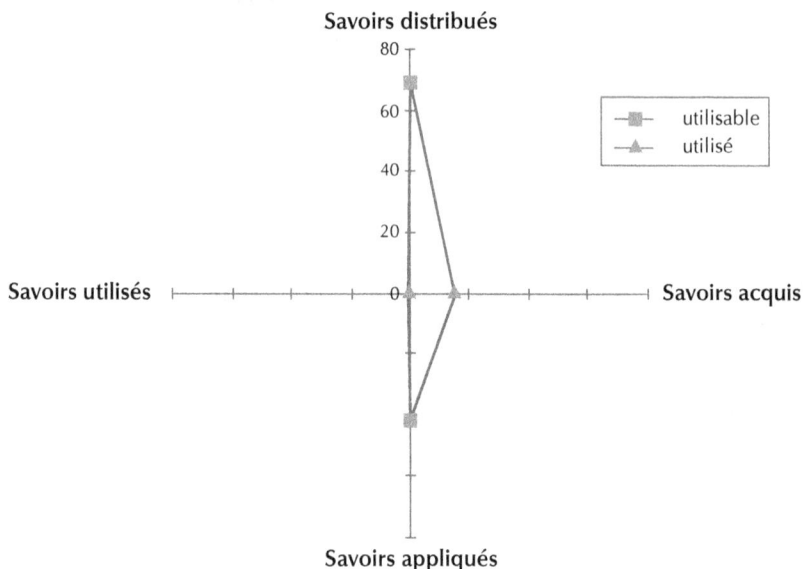

Savoirs appliqués

Il s'agit d'une initiation et non d'une formation opérationnelle. La mesure de l'efficacité peut donc se limiter aux seuls axes de valeur « utilisables ». Le diagramme témoigne d'une excellente initiation, les exercices pratiques illustrant les principales manipulations du logiciel.

Seule la partie pédagogique de la formation se définit comme « efficace » : le socle des connaissances atteint un score positif, la qualité et l'expertise de la prestation sont confirmées par la capacité des stagiaires à restituer les connaissances apprises.

Les savoirs appliqués, c'est-à-dire les éléments des tout nouveaux savoirs permettant l'accès à des exercices, auraient pu atteindre un meilleur score. Le programme assisté par ordinateur propose effectivement des exercices en fin de chaque séquence pédagogique, cependant le stagiaire a toute latitude pour choisir ses exercices.

L'interview portait sur quelques manipulations clés du tableur, les stagiaires ayant boudé celles-ci n'ont su répondre.

La composition de l'échantillon

L'échantillon représente 42 % de la population ayant suivi la formation initiation Excel.

	Échantillon
Nombre d'interviews stagiaires	8
Nombre d'inscrits	19
Nombre d'interviews de la hiérarchie concernée	5
Nombre d'interviews formateurs	1
Nombre d'interviews service formation	1
Nombre de questionnaires sans interview	0

Les caractéristiques de l'évaluation

Le choix des personnes interviewées a été déterminé de façon aléatoire.

Les interviews ont été menées entre janvier et février.

L'évaluation a été faite 4 mois après la réalisation de la formation.

La première restitution de l'interview menée auprès des stagiaires et de la hiérarchie donne des résultats sensiblement identiques, la hiérarchie affiche des résultats plus optimistes que les stagiaires.

La partie consacrée aux questions de satisfaction n'entre pas dans le calcul de la mesure de l'efficacité, elle étoffera simplement les évaluations existantes.

Le constat

	%	CONSTAT positif	CONSTAT moins positif
SATISFACTION Enrichissement personnel	81,3	La formation est généralement souhaitée ; l'enrichissement personnel est illustré par le partage des centres d'intérêt avec les enfants ou encore l'utilisation d'Excel à des fins personnelles : tenue de budgets…	
SAVOIRS DISTRIBUÉS Formulation des objectifs en termes de résultats	70,1	La formulation des objectifs est intégrée au logiciel	
Présentation des objectifs Durée de la formation Connaissances acquises Mémorisation des points clés	68,1	**6/8 des stagiaires** pensent que les objectifs annoncés sont conformes aux besoins La formule de formation par tranches de 2 heures en centre de ressources est très prisée : - Facilité d'organisation - Durée de concentration adaptée pour le personnel d'atelier. La FAO est appréciée pour sa facilité d'accès, la possibilité de retour arrière La documentation est complète et disponible sur intranet **3/8 des stagiaires** pensent que le fait d'avoir accès aux solutions sans les rechercher permet l'accès aux connaissances	**4/8 des stagiaires** auraient souhaité avoir accès au centre de ressources quelque temps avant (moyenne 1 an) **3/8 des stagiaires** précisent que la documentation peut s'améliorer (mémos sur les fonctions) **5/8 des stagiaires** pensent que la FAO ne favorise pas la recherche de solution, et donc la mémorisation. Le vocabulaire utilisé par le logiciel n'est pas compréhensible à la première lecture

…/…

.../...

	%	CONSTAT positif	CONSTAT moins positif
SAVOIRS APPLIQUÉS pendant la formation Exercices illustrant les objectifs Exercices de simulation	44,8	**5/8 des stagiaires** ont eu de bons scores lors des simulations prévues par la FAO	
SAVOIRS ACQUIS Entretien hiérarchique Fiche et calendrier de suivi/formé Cas de travail en situation professionnelle	13,3	les 13 % sont attribués à l'entretien annuel au cours duquel la formation a été prévue	**5/8 des stagiaires** déclarent qu'aucune tâche incluant leurs nouveaux acquis de formation ne leur a été donnée
SAVOIRS UTILISÉS Nouvelles pratiques validées	0,5	**4/8 des stagiaires** estiment avoir gagné en autonomie sur leur poste de travail grâce à la manipulation du logiciel Mais ces progrès n'ont pas été validés, ni reconnues par la hiérarchie	**1/8 des stagiaires** a concrètement utilisé les acquis de son stage Excel pour régulariser un travail nécessaire à la tenue de son poste

En résumé :

◗ Le niveau initiation donne d'excellents résultats en culture bureautique ;

◗ La confusion entre exercices d'application inclus dans le logiciel et l'application des nouveaux savoirs sur le poste de travail est quasi générale ;

◗ L'entretien annuel a été (volontairement ?) confondu avec un entretien post-formation ;

◗ Sept stagiaires sur huit déclarent que la formation reçue n'a pas amélioré la compétence métier : déclaration exacte puisque le cœur du métier des interviewés ne nécessitait pas une compétence en matière bureautique ;

◗ Certains regrettent l'absence de compréhension des formules qu'ils appliquent et dénoncent l'intelligence limitée de la pédagogie FAO (formation assistée par ordinateur) ;

◗ Tous s'accordent sur le besoin d'un lexique pour mieux comprendre les informations pédagogiques délivrées par le logiciel.

Récapitulatif des causes et des effets de la formation assistée par ordinateur Excel

Causes	5 M	Effets	Niveaux d'efficacité
Le logiciel alterne la théorie et la pratique au gré de l'apprenant	Méthode	Bon niveau d'initiation Enrichissement personnel pour le salarié	Savoirs distribués
La durée des séquences par tranches de 2 heures favorise la concentration	Milieu		Objectifs pédagogiques
Accueil de qualité = fréquentation du centre de ressources			
Exercices programmés pas toujours respectés par les stagiaires	Matière	Faible niveau de transférabilité	Savoirs appliqués
Quelques difficultés à saisir le vocabulaire utilisé par le logiciel de FAO			Objectifs de transfert
Absence d'explication pédagogique « didactique », absence d'explication des formules Excel	Main-d'œuvre		
Absence de suivi lors du retour sur le poste de travail	Main-d'œuvre	Efficacité quasi nulle pour l'entreprise, consentie par celle-ci puisqu'elle a commandé un niveau d'initiation et de culture	Savoirs acquis Objectifs opérationnels

Chapitre 9

Formation à la méthode
de résolution de problème

La carte des niveaux d'efficacité

Efficacité de la formation méthode et résolution de problèmes

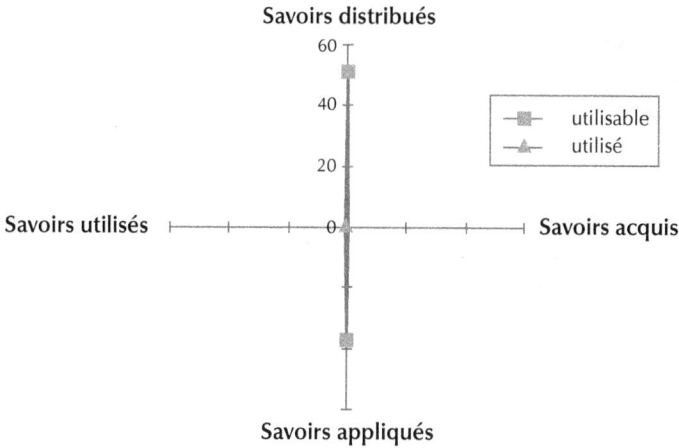

La carte des niveaux de l'efficacité des savoirs est suffisamment « parlante » pour comprendre que le niveau pédagogique est tout juste atteint (51 %). Le diagramme indique une formation de type sensibilisation et non une formation dite opérationnelle.

La composition de l'échantillon

L'échantillon représente 39 % des stagiaires ayant suivi la formation.

	Échantillon
Nombre de groupes de formation	3
Nombre d'inscrits	23
Nombre d'interviews stagiaires	9
Nombre d'interviews de la hiérarchie concernée	6
Nombre de questionnaires sans interview	1

Le constat

Niveaux de savoirs	%	Positif	À revoir
SATISFACTION Enrichissement personnel et/ou professionnel	74,1	La satisfaction est fondée sur une bonne ambiance de groupe	
SAVOIRS DISTRIBUÉS Objectifs annoncés Durée de formation Mémorisation des points clés	51,7	Les objectifs ont été présentés **4/9 des stagiaires** expliquent ce qu'est une action corrective en « méthodes de résolution de problèmes » **5/9 des stagiaires** pensent que la durée était adaptée	**Aucun stagiaire** n'a mémorisé les phases principales de la résolution de problème **7/9 des stagiaires** ne peuvent expliquer ce qu'est un indicateur, qui cependant est bien au programme de l'action de formation

…/…

.../...

SAVOIRS APPLIQUÉS Exercices pratiques pendant la formation Suivi sur le poste de travail Entretien hiérarchique pour identifier les progrès et valider le calendrier de suivi Cas de travail effectivement résolus par le stagiaire	35,2	**6/9 des stagiaires** estiment que l'alternance exposé et exercices a été totalement respectée **Seuls 2 stagiaires** interviewés déclarent avoir utilisé la méthode lors d'une réunion	Les exercices n'étaient pas en rapport avec la situation professionnelle des stagiaires Lors de son retour sur son poste de travail **aucun stagiaire** n'a demandé à rencontrer son hiérarchique **Aucun hiérarchique** n'a provoqué cet entretien
SAVOIRS ACQUIS Les progrès constatés	0,8	**5/9 des stagiaires** interviewés ont essayé d'appliquer les nouvelles connaissances	**6/9 des stagiaires** déclarent ne pas avoir appliqué la formation en situation de travail La hiérarchie estime que les moyens d'appliquer sont tout à fait existants pour ceux qui le souhaitent
SAVOIRS UTILISÉS Pratiques nouvelles enregistrées Qualifications validées	0,6		**7/9 des stagiaires** déclarent que cette formation n'a été d'aucune aide pour leur travail quotidien La hiérarchie déplore le manque de résultat

Le contrôle du niveau des connaissances est édifiant. La formation à la résolution de problèmes enrichit les savoirs théoriques des stagiaires mais n'a guère été pratiquée ou suivie sur les postes de travail. Les interviews font apparaître les causes principales :

▶ Absence de motivations ;

▶ Exercices pendant la formation non adaptés à la réalité professionnelle ;

▶ Absence d'implication hiérarchique.

La déperdition entre les savoirs distribués (51 %) et les savoirs appliqués (35 %) est de 16 %. Cet écart est trop important pour une formation dont la transférabilité ne pose *a priori* aucun problème : la technique de résolutions de problèmes ne nécessite aucun matériel de simulation onéreux ou volumineux, seuls des cas de travail ajustés aux problématiques peuvent alimenter la phase de transfert.

L'interview rapporte l'information suivante : un manque de mémorisation des phases de la résolution de problèmes. Le formateur n'a pas déroulé une progression pédagogique mais une succession d'éléments de savoirs.

La méthode de formation est magistrale et ne convient pas au contenu ; le score aurait dû atteindre les 80 % de réussite. De toute évidence, les managers et les stagiaires auraient pu se passer de cette formation. Les stagiaires ont vécu quelques jours dans une ambiance agréable (satisfaction 74 %) mais est-ce suffisant pour justifier des coûts de formation ?

Le diagramme de la formation technique de résolution de problèmes présente les scores d'une action de sensibilisation et non ceux d'une formation.

Conclusion

De nombreuses actions dites de formation s'apparentent à de la sensibilisation. Le dispositif efficacité révèle des diagrammes d'efficacité avec des carences de la valeur « utilisation ». Le retour sur investissement de la formation occupe les esprits, mais peu de cahiers des charges déclinent des objectifs exploitables. On assiste à un dérapage des « catégorisations » des actions de formations. Appelons un chat, un chat : la plupart des actions de formation non diplômantes satisfont un souhait de culture, d'initiation ou de sensibilisation, mais ne produisent que peu de résultats en termes d'opérationnalité.

Que faut-il conclure ? Avant d'entreprendre une démarche de retour sur investissement, l'entreprise gagnerait à mettre en place un dispositif d'aide à la formulation d'objectifs quantifiables. Mais le service formation, organe de gestion administrative, outil de recherche de subventions, dispose-t-il des moyens pour jouer son rôle de dynamiseur de projets, de garant des savoirs matriciels nécessaires à son entreprise ?

Si la recherche de subvention de formation prend le pas sur la recherche d'une dynamique de projets, est-ce parce que la stratégie de l'entreprise valorise davantage l'argument ressources que celui de la chasse aux gaspis ? Ou est-ce parce que le volume d'heures/stagiaires, législation oblige, devient effectivement trop lourd ?

Dans tous les cas de figure, la valeur d'utilité en formation figure au hit-parade des services à développer en urgence. Elle présente une fonction particulière : celle de justifier un budget sans pour autant le réduire, celle de faciliter le calcul d'un amortissement formation sans pour autant multiplier des facteurs de rentabilité.

En facilitant la formalisation des savoirs explicites, la démarche efficacité active le partage des savoirs et participe à la dynamique des entreprises.

Corrigés des exercices

Vérifiez votre formulation d'objectifs
(exercice de la page 67)

	Vrai	Faux
En formation, un objectif définit les capacités à atteindre.	X	
Un objectif pédagogique exprime une intention simple. *Il s'agit alors d'un vœu ou d'un souhait, sans obligation de résultat.*		X
Les enjeux appartiennent au niveau politique de l'entreprise.	X	
En formation, un point clé est une articulation logique dans la progression de nouveaux concepts.	X	
Une formation fournit les savoirs nécessaires aux qualifications.	X	
La formation produit des compétences. *La formation donne un socle de savoirs que le salarié transforme en comportement professionnel.*		X
L'efficacité d'une formation est une évaluation à froid améliorée. *Une évaluation n'exige pas un contrôle des savoirs acquis.*		X

Faites la différence entre objectifs et buts
(exercice de la page 68)

	Questions à se poser	Objectif	But
À l'aide de sa prise de notes, dessiner en 30 minutes un croquis de l'emplacement des écoulements sanitaires d'une habitation aux normes, la tolérance admise étant de 15 cm.		X	
Respecter la charte graphique de l'entreprise. *Utiliser les cinq dernières matrices graphiques pour tous les documents de type ABC jusque décembre 2007.*	Comment puis-je savoir qu'elle est respectée ?		X
Établir des bulletins de paye. *Calculer sans erreur le décompte du salaire et des charges en appliquant les n obligations légales.*	Qu'est-ce qui me prouve qu'ils sont OK ?		X
Lister en semaine 14 le nombre de feuilles de présence non émargées des formations réalisées sur les 6 derniers mois.		X	
Laisser un message sur un répondeur téléphonique. *Décliner noms et numéro de téléphone, l'objet de l'appel en moins de 2 minutes.*	Qu'est-ce qu'un message efficace ?		X

Contrôlez votre connaissance des différents types d'objectifs *(exercice de la page 69)*

Objectifs	de performance	opérationnels	de transfert	pédagogiques
À l'aide de sa prise de notes, dessiner en 30 minutes un croquis de l'emplacement des écoulements sanitaires d'une habitation aux normes, la tolérance admise étant de 15 cm.			X	
Utiliser les cinq dernières matrices graphiques pour tous les documents de type ABC jusque décembre 2007.		X		
Lister en semaine 14 le nombre de feuilles de présence non émargées des formations réalisées sur les 6 derniers mois.		X		
Nommer les 3 rôles attribués à l'animateur de réunion en moins d'une minute.				X
Lister en 15 minutes les 10 éléments nécessaires à la rédaction d'une fiche de paye.				X
Réduire de 2 % en 3 mois les réclamations relatives aux erreurs de décompte sur les bulletins de paye.	X			
Calculer sans erreur le décompte du salaire et des charges en appliquant les n obligations légales.		X		
Nommer les 5 conventions régissant la rédaction d'une feuille de paye à ce jour.				X
Élargir la gamme de produits à 50 références supplémentaires pour l'été 2008.	X			
Programmer les 2 flux de production de l'atelier Fétou en introduisant les n paramétrages du robot Bogoce sur la période T.		X		
En utilisant les comptes rendus des semaines N à N + 8, repérer les 5 types de pannes principales et les étapes de remise en état sur le robot Bogoce.			X	
En 20 minutes et à l'aide du simulateur, désigner sur le schéma les deux paramètres de la panne Yop, puis les redéfinir pour une programmation de remise en marche.			X	

Évaluez rapidement votre écoute
(exercice de la page 107)

	Plutôt Oui	Plutôt Non
Au cours de mes entretiens en tête-à-tête, je parle généralement plus que mes partenaires *Leur reste-t-il un temps de parole pendant lequel l'écoute est totale ?*		
J'estime que l'objet principal d'une conversation est d'exposer ses opinions *Ne concerne pas l'écoute*		
Pendant les conversations professionnelles, j'écoute souvent d'une oreille en pensant à autre chose *L'attention est nécessaire pour une écoute*		
Lorsqu'un entretien avec un collègue se prolonge trop, il m'apparaît vite sans intérêt *S'il n'est pas trop long, l'écoute peut exister*		
Lorsque j'estime avoir compris ce que mon interlocuteur veut dire, je l'interromps même s'il n'a pas fini *Écoute partielle... on peut clore sans interrompre*		
Quand je suis en désaccord avec un collègue, j'ai tendance à penser aux arguments que je peux lui opposer *La non écoute classique : l'attention est polarisée sur le message de l'émetteur et non sur celui du récepteur*		
En mon for intérieur, je critique souvent spontanément la manière de s'exprimer de ceux qui parlent *L'écoute et la critique peuvent co exister*		
Lorsque j'assiste à un exposé, je reste obnubilé par les points que je ne comprends pas, au point d'en perdre le fil *La non écoute classique par une perturbation (interne ou externe)*		
Les gens ont tendance à me faire des confidences *On peut supposer qu'ils pensent être écoutés !*		
Prendre des notes m'aide à concentrer mon attention *Écoute active*		

Différenciez les registres fait, opinion et sentiment
(exercice de la page 108)

	Fait	Opinion	Sentiment
J'aime bien le matin quand le soleil se lève			X
Pierre est fatigué depuis quelques semaines *Avis qui n'engage que son émetteur : rien n'atteste les dire*		X	
Le thermomètre indique 13° depuis 2 jours *C'est un fait, cette assertion est tout à fait vérifiable par chacun*	X		
Le chiffre d'affaire baisse et personne ne s'inquiète *Affirmation gratuite sans éléments constatables*		X	
C'est beau la vie *Valeur personnelle, d'autres diront l'inverse...*		X	
Les lunettes sont de plus en plus sophistiquées *Quelles sont les statistiques ?*		X	
Ce clavier de téléphone comporte dix touches grises et une blanche *Affirmation observable et vérifiable*	X		
J'ai payé ma cafetière deux fois plus cher que la tienne, j'ai bien envie de me la faire rembourser *Le prix est vérifiable, l'envie est affaire personnelle*	X		X
Le médecin lui a prescrit des médicaments mais il ne les prend pas *Constat ou pure invention... Qu'est-ce qui se vérifie dans cette déclaration ?*	X	X	
La route la plus courte passe par la ville *Voilà qui se mesure*	X		

Entraînez-vous à organiser la trame d'une interview
(exercice de la page 109)

Progression des savoirs *Taxinomie de Bloom*	Questions interviews sur la conduite de réunion
Niveau 1 : savoir théorique	
Niveau de la connaissance (terminologie, conventions, principes, classifications)	Quelle différence y a-t-il entre objectif et ordre du jour ? Comment définir le terme de facilitation ?
Niveau de la compréhension (extrapolation, analyse, analogie, synthèse)	Quel type de questionnement facilite la participation à une réunion ?
Niveau de la résolution de problème (opérations de transposition)	Comment régule-t-on les interventions des participants ?
Niveau 2 : savoir-faire	
Imitation	Est-ce qu'une co-animation de réunion a été organisée ? Combien de réunions ont été programmées depuis la fin de la formation ?
Coordination	Quels sont les points les plus difficiles à enchaîner lors d'une conduite de réunion ?
Automatisme	Quels sont les points qui aujourd'hui ne nécessitent plus de contrôle ?

www.ingramcontent.com/pod-product-compliance
Lightning Source LLC
Chambersburg PA
CBHW061327220326
41599CB00026B/5078